Für Ruby, Otis und Selma –
ich möchte euch zeigen, dass Fürsorge und Liebe
auf Tellern serviert werden können.

SOFIA WOOD

Sofias
Küchenglück

Mein vegetarisches Comfort Food für Alltag und Feste

Fotos: Frida Edlund

CHRISTIAN

MEIN VEGETARISCHES COMFORT FOOD FÜR ALLTAG UND FESTE

INHALT

EIN KOCHBUCH FÜR ALLTAG UND FESTE

In diesem Buch soll es ums Essen und die täglichen Rituale gehen, die uns verbinden – schön und opulent zugleich in ihrer Einfachheit. Bereits als kleines Mädchen hat mich die Leidenschaft für dieses Thema gepackt – ich liebe die Momente, wenn wir uns zu einer Mahlzeit um den Tisch versammeln. In einer meiner frühesten Kindheitserinnerungen sitze ich auf dem Küchentisch, neben mir meine Mutter, und spiele mit den Holzlöffeln, die sie heute noch verwendet. Für mich sind gewisse Gerichte pure Nostalgie. Der französische Schokoladenkuchen, den es jedes Jahr zu Ostern gab, der Geruch von Spaghetti *al burro* in unserer sonnengelben Küche oder die *skrabbelucker,* die mein kleiner Bruder sich immer an seinem Geburtstag gewünscht hat – sie alle wecken bei mir glückliche Erinnerungen. Fast ist es, als hätte ich den Geschmack von *fish and chips* auf der Zunge, wenn ich an meinen Vater und den Strand in Australien denke, an dem wir bei Sonnenuntergang oft saßen. Heute habe ich selbst drei Kinder und möchte für sie genau solche Erinnerungen schaffen. Aber wie fängt man dieses flüchtige Gefühl ein, wie serviert man Glück und Sicherheit auf Tellern?

Ich glaube, dass mit Liebe und Sorgfalt zubereitete Mahlzeiten dies vermögen und dass ein schön gedeckter Tisch den Alltag bereichert. Keines der Rezepte in diesem Buch ist kompliziert, denn Sie sollen ganz entspannt kochen können. Dieselbe Philosophie gilt für die Tischdeko – lässige Ästhetik steht hier im Vordergrund. Legen Sie ein ungebügeltes Leinentischtuch auf, zünden Sie Kerzen an und holen Sie zu jeder Gelegenheit das gute Silberbesteck heraus. Geben Sie dem Alltag den Glanz, den er verdient. Daher geht es in diesem Buch auch um Tischdekorationen und Blumenarrangements. Ich beschreibe darüber hinaus einfache Gesten, mit denen man den Menschen in seinem persönlichen Umfeld Gutes tun kann, wie wichtig Ruhe und Gelassenheit sind und warum Perfektion nicht unser vorrangiges Ziel sein sollte.

Nicht nur Vegetarier werden sich von den Rezepten inspiriert fühlen, und doch liegt der Fokus bei den Zutaten auf dem, was Mutter Erde uns schenkt und was gerade Saison hat. Ebenso wichtig ist mir dabei der Respekt vor Natur und Umwelt. Abgesehen von Maränenrogen und Sardellen, auf die ich einfach nicht verzichten kann, überlasse ich die Zubereitung von Fleisch, Geflügel und Fisch sowie pflanzlichen Ersatzprodukten anderen. Dies ist ein Kochbuch für alle, die gutes Essen genießen möchten, ohne besondere Kochkenntnisse vorweisen zu können.

ALLTAGSROUTINE

Alltagsroutine

Für mich liegt das kulinarische Glück im Einfachen. Es geht nichts über ein gutes, nahrhaftes Mahl, das uns den Alltag versüßt. Doch wie gelingt es, jedes Essen zu etwas Besonderem zu machen? Wie bringt man Tag für Tag gesunde und schmackhafte Speisen auf den Tisch, wenn man nur wenig Zeit und Energie zur Verfügung hat? Für mich sind drei Dinge entscheidend: eine gut gefüllte Speisekammer mit allen erforderlichen Gewürzen, Konserven und Trockenwaren, ein Kühlschrank, in dem bestimmte Lebensmittel immer vorrätig sind, und ein überschaubares, aber gut durchdachtes Repertoire an Rezepten, die abhängig von der Jahreszeit sowie im Hinblick auf persönliche Vorlieben, Aufwand und vorhandene Zutaten angepasst werden können. Die meisten von uns sind Gewohnheitsmenschen; wenn man immer wieder dieselbe Handvoll Gerichte zubereitet, die blitzschnell variiert werden können, ist das nicht nur psychologisch hilfreich, sondern mindert auch den Stress, den viele von uns im Alltag erleben. Daher lassen sich sämtliche Rezepte in diesem Kapitel kinderleicht abwandeln. Ich denke, dass dies einer der großen Vorteile der pflanzenbasierten Küche ist – wenn man ein bestimmtes Gemüse nicht mag oder es gerade nicht Saison hat, ersetzt man es durch etwas, das einem eher zusagt. Das ist im Grunde recht einfach, aber ein gewisses Maß an Erfahrung gehört dazu, wenn man Rezepte variieren möchte. Man muss den Mut haben, festgetretene Pfade zu verlassen und ein Rezept eher als einen groben Wegweiser zu sehen. Wenn es etwas gibt, das Sie mitnehmen sollten, nachdem Sie dieses Buch durchgeblättert und vielleicht einige der Rezepte ausprobiert haben, dann sind das ein gewisses Selbstvertrauen, Experimentierfreude und die Bereitschaft, buchstäblich über den Tellerrand hinauszublicken. Zur Inspiration habe ich bei einigen Rezepten Varianten vorgeschlagen, aber in erster Linie sollten Sie sich von Ihrem persönlichen Geschmack leiten lassen.

GUTE VORRATSHALTUNG IN SPEISEKAMMER UND KÜHLSCHRANK

Ich bin nicht der Typ für Meal Preps. Ich mache weder Großeinkäufe noch wöchentliche Essenspläne. Außerdem bestelle ich im Normalfall nur Vorratswaren online, den Rest kaufe ich im kleinen Lebensmittelladen nebenan. Trotzdem habe ich nie Sorge, ich könnte kein leckeres Abendessen auf den Tisch zaubern, weil ich keine Zeit zum Einkaufen hatte. Das liegt daran, dass ich die folgenden Grundnahrungsmittel im Haus habe:

Speisekammer
ganze geschälte
  Tomaten aus
  der Dose
Tomatenmark
vorgegarte Linsen
  und Bohnen
  (Konserven)
Pasta (Spaghetti,
  Bucatini und
  Rigatoni)
schwarzer Reis
Polenta
Chiasamen
Erdnussbutter
Mandelkerne

Öle und
  Würzmittel
Chiliflocken
Meersalzflocken
schwarze Pfeffer-
  körner
Olivenöl
Balsamicoessig
Rotweinessig
Honig

Gemüse und
  Kräuter
Zitrone
Knoblauch
Petersilie
Gurke
Brokkoli
Schalotten
Karotten
Tomaten
  (je nach Saison)

Kühlwaren
Parmesan
Kapern
Sardellen
Dijonsenf
Hafermilch
Butter
Eier

LEBENSMITTELVERSCHWENDUNG VERMEIDEN

Seit einiger Zeit bemühe ich mich, weniger wegzuwerfen und meine Müll-
menge zu minimieren. Obwohl die wirklich großen Veränderungen, die unsere
Welt so dringend braucht, auf einer höheren Ebene stattfinden müssen, können
wir auch als Einzelne ganz konkret zum Schutz unserer Umwelt beitragen. Ich
halte es für richtig, Kinder frühzeitig dahingehend zu erziehen. Im Gegenzug
können wir Erwachsenen enorm viel von den Jüngsten lernen, wenn wir sehen,
was für einfallsreiche Lösungen zur Müllvermeidung bereits Siebenjährige
haben können. Wir sind nicht allwissend und alles andere als perfekt, aber
es ist besser, tätig zu werden, statt sich überfordert zu fühlen und wie gelähmt
einfach nichts zu tun. Im Folgenden finden Sie ein paar Tipps, die meine
Familie und ich uns überlegt haben.

Nicht alles neu kaufen
Nichts ist einfacher als das: Statt alles neu zu kaufen, stöbere ich Porzellan,
Besteck, Holzschneidebretter, Dekoartikel, Silber, Glas und Kristall fast
ausschließlich bei Auktionen, auf Flohmärkten und in Secondhandläden auf.
Zum einen ist es natürlich nachhaltig, das zu verwenden, was bereits vorhan-
den ist, zum anderen hat meine Küche dadurch einen charmanten und sehr
persönlichen Touch bekommen – und es spart noch dazu viel Geld.

Bei Bedarf investieren

Natürlich gibt es auch bei mir Dinge, die neu sind, meine Messer sowie einige Küchengeräte wie Gemüsehobel und Mixer gehören dazu. Diese Anschaffungen waren relativ kostspielig, auf vieles habe ich lange hingespart, und ich habe mich vor dem Kauf eingehend damit beschäftigt, welches Modell für mich das richtige ist, und mir die Vor- und Nachteile der verschiedenen Varianten angesehen. Ich verlange nicht, dass wir ganz mit dem Konsum aufhören, ich finde nur, dass es einen gewaltigen Unterschied zwischen bewusstem und unbewusstem Konsum gibt.

Auf Einwegartikel verzichten

Wir haben uns entschieden, auf Küchenrolle und Papierservietten zu verzichten. Stattdessen verwenden wir Lappen und Stoffservietten. Sie lassen sich leicht und schnell unter fließend warmem Wasser abspülen und können unbegrenzt wiederverwendet werden. Meine Mutter putzt noch heute ihre Fenster und wischt Staub mit dem dünnen Flanellstoff, mit dem ich als Baby gewickelt wurde.

Anstelle von Frischhaltefolie verwenden wir Bienenwachstücher. Kunststoffdosen – die sich von Tomatensauce ohnehin unschön verfärben – ersetzen wir durch Glas und Bambusmaterial, und anstelle von Plastikstrohhalmen verwenden wir wunderschöne Trinkröhrchen aus Metall oder Glas. Zu guter Letzt versuchen wir weitestgehend auf Kunststofftüten zu verzichten.

Größere Mengen zubereiten

Ich habe die Erfahrung gemacht, dass die einsame Karotte, die paar Zuckererbsen und das kleine Stück Feta, die beim Kochen übrig geblieben sind, selten aufgebraucht werden, wenn sie wieder zurück in den Kühlschrank wandern. Daher bereite ich meist eine etwas größere Menge eines Gerichts zu und esse lieber die Reste davon als die einzelnen Zutaten.

Überflüssiges verschenken

Willkürlich vollgestopfte Küchenschränke bereiten mir persönlich Unbehagen. Verschenken Sie, was noch gut und möglichst nicht angebrochen ist, sobald Sie absehen können, dass Sie bestimmte Lebensmittel nicht mehr verwenden werden.

GEBACKENE EIER MIT ZUCCHINI,
BOURSIN-FRISCHKÄSE UND LAUCH
S. 24

IM OFEN GEBACKENER FETA
MIT TOMATEN
S. 48

SALZIGE DATTELN
MIT JOGHURT UND CHILI
S. 132

PASTA MIT BURRATA UND
MEINER BESTEN TOMATENSAUCE
S. 22

QUINOASOTTO MIT CRÈME FRAÎCHE

Dies ist eine meiner Leibspeisen im Herbst. Mein Mann liebt klassischen Risotto, während ich ihn etwas schwer und langweilig finde. In diesem Rezept haben wir einen wunderbaren Kompromiss gefunden. Die Crème fraîche sollte erst bei Tisch auf das Gericht gegeben werden.

Zutaten
(4 PORTIONEN)

25 g Butter
1 mittelgroße Zwiebel, gehackt
150 ml Weißwein
225 g weiße Quinoa
2 l heiße Gemüsebrühe plus
  etwas mehr nach Bedarf
100 g geriebener Parmesan
Salz und frisch gemahlener
  schwarzer Pfeffer
400 g Austernpilze, in Stücke
  gezupft
2 EL Olivenöl
1 Schalotte, fein gehackt
4 Thymianzweige
50 g Crème fraîche

Die Butter in einem Topf zerlassen und die gehackte Zwiebel darin anschwitzen. Den Wein zugießen und einkochen lassen. Die Quinoa hineinrieseln lassen und die heiße Brühe nach und nach in Portionen à 150 ml zugießen und kochen, bis das Getreide fertig gegart ist.

Den Topf vom Herd nehmen und den Parmesan unterrühren. Bei Bedarf mehr Brühe unterrühren. Mit Salz und Pfeffer abschmecken.

Die Austernpilze ohne Fett in einer Pfanne anbraten, bis die gesamte Flüssigkeit verkocht ist. Das Olivenöl, die gehackte Schalotte und den Thymian hinzugeben. Weiterbraten, bis die Pilze eine schöne braune Farbe angenommen haben. Die Thymianzweige vor dem Servieren entfernen.

Die Pilze mit dem Quinoasotto auf Tellern anrichten und, garniert mit einem Klecks Crème fraîche und bestreut mit frisch gemahlenem schwarzem Pfeffer, servieren.

Variante
Ersetzen Sie die Quinoa durch Kochweizen oder Freekeh, ein nordafrikanisches Getreideprodukt aus grün geerntetem und geröstetem Hartweizen.

GANZER BLUMENKOHL MIT
CHEDDAR-BÉCHAMELSAUCE

Gebackener Blumenkohl ist wie eine freundliche Kindheitserinnerung, nostalgisch und irgendwie tröstlich. Der kräftige Cheddar verleiht diesem Gericht eine moderne, pikante Note. Wenn Sie einen anderen Käse verwenden möchten, nehmen Sie also unbedingt eine ebenso geschmacksintensive Sorte.

Zutaten

(4 PORTIONEN)

1 ganzer Blumenkohl
  (ca. 600 g)
Salz
4 EL Butter
2 Knoblauchzehen, fein gerieben
2 Lorbeerblätter
500 ml Vollmilch (3,5 % Fett)
3 EL Weizenmehl (Type 405)
1 Msp. gemahlene Muskatnuss
100 g reifer Cheddar, gerieben
frisch gemahlener schwarzer
  Pfeffer

Zum Servieren
2 EL gehackte Petersilie
4 Scheiben Sauerteigbrot
frischer grüner Salat
  (siehe S. 54)

Blätter und Strunk vom Blumenkohl entfernen. Den ganzen Blumenkohlkopf in einen großen Topf legen und mit Salzwasser bedecken. Je nach Größe etwa 15 Minuten köcheln lassen. Der Blumenkohl sollte weich sein, aber nicht zerfallen. Das Wasser abgießen und den Blumenkohl in einem Sieb ausdampfen lassen.

Währenddessen eine Béchamelsauce zubereiten. 1 EL Butter in einem Topf zerlassen und den Knoblauch darin etwa 3 Minuten anschwitzen, bis er duftet und leicht goldgelb ist. Lorbeerblätter und Milch hinzufügen. Erwärmen, aber nicht kochen lassen, dann in einen Krug gießen und beiseitestellen, damit die Milch den Geschmack der Lorbeerblätter und des Knoblauchs annimmt.

Die restliche Butter in einer großen Pfanne mit hohem Rand zerlassen. Das Mehl hineingeben und bei mittlerer Temperatur unter stetigem Rühren etwa 5 Minuten goldgelb anschwitzen.

Die Hälfte der Knoblauchmilch zur Mehlmischung geben und zu einer glatten Sauce verquirlen. Dann die gemahlene Muskatnuss und den Rest der Milch hinzufügen. Unter Rühren leicht köcheln lassen, bis die Sauce langsam eindickt. Die Lorbeerblätter entfernen. Den Cheddar einrühren und mit Salz und Pfeffer abschmecken. Die Pfanne vom Herd nehmen und beiseitestellen.

Den Backofen auf 250 °C (Ober- und Unterhitze) vorheizen und die Grillfunktion einschalten. Den Blumenkohl im Ganzen in eine Auflaufform legen und die Béchamelsauce darübergießen. In der Mitte des Ofens gratinieren, bis die Sauce Farbe angenommen hat und an den Rändern Blasen bildet. Mit Petersilie bestreuen und mit frischem Sauerteigbrot und einem knackigen grünen Salat servieren.

Variante
Ersetzen Sie den Cheddar durch einen anderen gereiften Käse.

PASTA MIT ARTISCHOCKE UND ZITRONE

Statt alltäglicher Nudelgerichte wie Carbonara und anderer einfacher Varianten bereite ich gerne diese Artischockenpasta zu. Sie ist allseits beliebt, sowohl bei den heikelsten Kindern als auch bei Erwachsenen. Zitrone und Minze sind die Quintessenz im Rezept, denn sie heben die Aromen auf ein ungeahntes Niveau.

Zutaten
(4 PORTIONEN)

300 g Pasta (z. B. Spaghetti
   oder Pappardelle)
2 Dosen Artischocken
   (à ca. 230 g Abtropfgewicht)
1 unbehandelte Zitrone, Abrieb
   und Saft
1 Bund Minze, grob gehackt
100 g geriebener Parmesan plus
   etwas mehr zum Servieren
Salz und frisch gemahlener
   schwarzer Pfeffer
2 Eigelb

Zum Servieren
Olivenöl

Zunächst die Pasta nach Packungsanweisung kochen.

Unterdessen die Artischockencreme zubereiten. Dazu die Artischocken abtropfen lassen und mit dem Zitronenabrieb, dem Zitronensaft, der Minze und dem geriebenen Parmesan im Mixer zu einer glatten Paste verarbeiten. Mit Salz und Pfeffer abschmecken.

Vor dem Abgießen der Pasta 100 ml Kochwasser abschöpfen und beiseitestellen. Die Pasta wieder in den Topf geben und die Artischockencreme, das Eigelb und das Kochwasser unterheben. Umrühren, bis die Pasta mit einer dünnen Schicht der Sauce überzogen ist. Mit Salz und reichlich schwarzem Pfeffer abschmecken. Mit zusätzlichem Parmesan bestreuen und mit Olivenöl beträufelt servieren.

PASTA MIT BURRATA
UND MEINER BESTEN TOMATENSAUCE

Es macht viel Freude, etwas so Einfaches wie eine Tomatensauce
mit viel Sorgfalt und Liebe zuzubereiten. Und ich kann sagen,
dass es kein Gericht gibt, das ich bisher öfter auf den Tisch
gebracht habe als diese rundum perfekte Variante. Die Sardellen
sorgen für besonders viel Umami-Geschmack, aber auch ohne sie
ist die Sauce köstlich.

Zutaten

(4 PORTIONEN)

Für die Tomatensauce
2 Karotten, in feine Streifen
  geschnitten
2–3 Schalotten, fein gehackt
1 EL Olivenöl plus etwas mehr
  zum Servieren
3 Knoblauchzehen, fein
  gehackt
3–4 Sardellenfilets
1 Prise Chiliflocken
3 EL Tomatenmark
1 Dose ganze geschälte
  Tomaten (400 g)
Salz und frisch gemahlener
  schwarzer Pfeffer

300 g Pasta (z. B. Bucatini
  oder Spaghetti)
2 EL Butter
2 Burrata-Kugeln (à ca. 125 g
  Abtropfgewicht)
frisches Basilikum zum
  Servieren

Die Karotten und die Schalotten in einem gusseisernen Topf im
Olivenöl anschwitzen, bis die Karotten weich und die Schalotten
glasig sind. Das Gemüse braucht keine Farbe anzunehmen.

Den Knoblauch, die Sardellen und die Chiliflocken dazugeben
und noch einige Minuten weiterbraten. Das Tomatenmark einrühren und dunkelrot rösten.

Die Tomaten aus der Dose in den Topf geben und vorsichtig mit
einem Löffel zerdrücken. Ein kleines Glas Wasser dazugießen und
umrühren. Bei niedriger Temperatur mindestens 20 Minuten, am
besten aber noch länger, sachte köcheln lassen – je länger, desto
schmackhafter wird die Sauce. Mit Salz und Pfeffer abschmecken.

Die Pasta nicht ganz gar kochen. Vor dem Abgießen 100 ml
Kochwasser abschöpfen und beiseitestellen.

Die Pasta, das Kochwasser und die Butter unter die Tomatensauce
rühren. Das stärkehaltige Wasser und die Butter machen die Sauce
seidig glänzend. Die Pasta in der Sauce fertig kochen lassen und
zusammen mit der Burrata anrichten. Mit Olivenöl beträufeln,
einige Basilikumblätter darüberstreuen und mit frisch gemahlenem schwarzem Pfeffer bestreut servieren.

Variante
Erhöhen Sie die Menge an Gemüse im Rezept mit einer zusätz-
lichen Karotte, einer kleinen in Streifen gehobelten Zucchini und
einer Handvoll frischer Tomaten. Variieren Sie die Menge an Chili
und geben Sie eventuell etwas Zitronenabrieb über das Gericht.

GEBACKENE EIER MIT ZUCCHINI, BOURSIN-FRISCHKÄSE UND LAUCH

Als ich dieses Gericht vor einigen Jahren in mein Repertoire aufnahm, wurde es sofort zu einem Favoriten der ganzen Familie. Damit die Zucchini nicht wässrig wird, ist es wichtig, dass sie sehr fein gehobelt wird. Ich selbst benutze dafür meinen geliebten japanischen Gemüsehobel. Boursin kann jederzeit durch einen vergleichbaren Frischkäse ersetzt werden.

Zutaten
(4 PORTIONEN)

2 EL Butter
1 kleine Stange Lauch, in
   Scheiben geschnitten
1 kleine Zucchini, in feine
   Streifen gehobelt
8 Eier
80 g Boursin-Frischkäse
Salz und frisch gemahlener
   schwarzer Pfeffer
1 EL Olivenöl

Zum Servieren
einige frische Zuckerschoten
frische Petersilie oder Gartenkresse, fein gehackt
1 Msp. Chiliflocken
1 Sauerteigbaguette, in dicke
   Scheiben geschnitten
frischer grüner Salat
   (siehe S. 54)

Den Backofen auf 200 °C (Ober- und Unterhitze) vorheizen. Die Butter in einer großen ofenfesten Pfanne zerlassen und den Lauch etwa 4 Minuten darin anschwitzen. Die Zucchini dazugeben und braten, bis sie etwas weicher ist, aber noch Biss hat.

Acht kleine Vertiefungen in die Gemüsemischung drücken und in jede ein Ei aufschlagen. Den Käse grob darüber verteilen, reichlich salzen und pfeffern und mit dem Olivenöl beträufeln. Die Pfanne in den Ofen stellen und alles etwa 10 Minuten backen, bis das Eiweiß fest, das Eigelb aber noch weich ist.

Mit den ganzen Zuckerschoten, der Petersilie oder Gartenkresse und den Chiliflocken garnieren. Mit frischem Brot und einem einfachen grünen Salat servieren.

Variante
Ersetzen Sie den Boursin-Käse durch einen anderen Frischkäse oder Crème fraîche. Statt der Zucchini kann man auch fertiges Ratatouille oder eine pikante Tomatensauce verwenden.

Üppige, ausladende Blumensträuße lassen sich mit relativ einfachen Mitteln zusammenstellen. Eine Basis aus Eukalyptuszweigen kann durch ein paar schöne Blüten wie eine geöffnete Rose oder Ranunkeln ergänzt werden, vorzugsweise nur eine oder zwei von jeder Sorte. Da der Eukalyptus sich sehr lange hält, brauchen Sie nur die Blüten zu ersetzen, wenn diese verwelkt sind.

ROHER FENCHEL MIT ZITRONE

Wussten Sie, dass Fenchel sehr reich an Vitamin C ist? Wenn ich eine schöne frische Knolle bekomme, ist dieser sehr einfache Salat meine bevorzugte Art, ihn zu essen.

Zutaten
(4 PORTIONEN)

3 kleine Fenchelknollen
2 unbehandelte Zitronen,
   Abrieb und Saft
3 EL Olivenöl
Salz und frisch gemahlener
   schwarzer Pfeffer

Den Fenchel putzen. Dazu den Boden abschneiden und die äußerste Schicht entfernen. Die dillähnlichen grünen Spitzen zum Garnieren aufbewahren.

Den Fenchel sehr fein hobeln oder mit einem scharfen Messer in dünne Scheiben schneiden. Je dünner sie geschnitten sind, desto intensiver ist der Geschmack.

Die abgeriebene Schale beider Zitronen sowie den Saft einer Zitrone über den Fenchel verteilen. Mit dem Olivenöl beträufeln, salzen und pfeffern. Den Fenchel auf einem Teller anrichten und mit dem Fenchelgrün garniert servieren.

Variante
Sie können den Fenchel durch ein anderes knackiges Gemüse ersetzen, das roh gegessen werden kann, wie Kohlrabi oder Radieschen.

TÜRKISCHE EIER MIT JOGHURT, FETA UND KRÄUTERN

Dieses Rezept basiert auf dem türkischen Frühstücksgericht Cilbir, pochierten Eiern mit Joghurtsauce. Ich serviere es gerne als einfaches Abendessen mit einer knackigen Gemüsesalsa und Feta für den Sättigungseffekt.

Zutaten
(4 PORTIONEN)

Für den Joghurt
300 g türkischer oder griechischer Joghurt (10 % Fett)
1 große Knoblauchzehe, gerieben
Abrieb von 1 unbehandelten Zitrone
Salz und frisch gemahlener schwarzer Pfeffer

Für die pochierten Eier
2 EL Weißweinessig
8 Eier, zimmerwarm

Zum Servieren
3 EL Olivenöl
½ TL Chiliflocken
150 g Cocktailtomaten, fein gehackt
½ Gurke, fein gehackt
3 EL fein gehackte gemischte Kräuter (z. B. Koriander, Petersilie und Minze)
Saft von 1 Zitrone
Salz
frisch gemahlener schwarzer Pfeffer
200 g Feta
libanesisches Fladenbrot oder Tortillas

Den Joghurt mit dem Knoblauch und dem Zitronenabrieb verrühren. Mit Salz und Pfeffer abschmecken. Bei Zimmertemperatur stehen lassen, da der Joghurt dann am besten schmeckt.

1 l Wasser in einem kleinen Topf aufkochen, dann die Temperatur reduzieren, sodass es nur noch leicht siedet. Den Essig hineingießen. Eines der Eier in eine kleine Tasse aufschlagen. Das Wasser mit einem Löffel umrühren, um einen Wirbel zu erzeugen, und das Ei zügig hineingleiten lassen. Vorsichtig mit einem Löffel zusammenschieben, sollte das Eiweiß zerfließen. Etwa 3 Minuten sieden, aber nicht kochen lassen. Das Ei mit einem Schaumlöffel herausnehmen und einige Minuten auf Küchenpapier abtropfen lassen. Das Ganze mit den übrigen Eiern wiederholen.

2 EL Olivenöl zusammen mit den Chiliflocken in einer kleinen Pfanne erhitzen. Die Chiliflocken leicht anrösten, bis sie aromatisch duften. Beiseitestellen.

Die Tomaten, die Gurke, die Kräuter und den verbliebenen 1 EL Olivenöl in einer Schüssel verrühren. Mit dem Zitronensaft, etwas Salz und frisch gemahlenem Pfeffer abschmecken.

Den Joghurt auf vier tiefe Teller verteilen und mit je einem pochierten Ei, Chiliöl, mariniertem Gemüse und etwas grob zerteiltem Feta belegen. Zum Schluss mit etwas schwarzem Pfeffer bestreuen und mit einem guten libanesischen Fladenbrot oder Tortillas servieren.

CHAMPIGNONSALAT

Wir alle brauchen eine Handvoll Salate in unserer mentalen
Rezeptdatenbank. Dies ist eine Variante, auf die ich gerne
zurückgreife. Sie besticht durch ihre Einfachheit und besteht
aus hauchfein geschnittenen Pilzen – am besten gelingen diese
mit einem Gemüsehobel.

Zutaten
(4 PORTIONEN)

2 EL Olivenöl
1 EL Zitronensaft
1 EL fein gehackte Petersilie
250 g Champignons, in sehr
  dünne Scheiben geschnitten
Salz und frisch gemahlener
  schwarzer Pfeffer
4 EL gehobelter Parmesan

Das Olivenöl, den Zitronensaft und die Petersilie in einer
Schüssel verrühren. Die Pilze mit dem Dressing vermengen
und eine Weile ziehen lassen. Mit Salz und Pfeffer abschmecken.
Auf einem schönen Teller anrichten und mit dem gehobelten
Parmesan bestreut servieren.

PASTA MIT BROTWÜRFELN

Wie übersetzt man *Comfort Food* am besten? Und wie erklärt man, dass es nicht zwingend mild gewürzt und langweilig sein muss? Ich persönlich finde, dass dies das ultimative Gericht ist, wenn man eigentlich nichts im Haus hat, außer altbackenem Brot, etwas Pasta und Sardellen. Mag man Letztere nicht, lässt man sie einfach weg.

Zutaten

(4 PORTIONEN)

3 Knoblauchzehen, gerieben
4–5 Sardellenfilets, fein gehackt
1 Msp. Chiliflocken
100 ml kräftiges Olivenöl plus
    etwas mehr zum Servieren
Salz und frisch gemahlener
    schwarzer Pfeffer
3–4 Scheiben Sauerteigbrot
    vom Vortag
300 g Pasta (z. B. Spaghetti
    oder Bucatini)
75 g geriebener Parmesan
2 EL fein gehackte Petersilie

Den Backofen auf 180 °C (Ober- und Unterhitze) vorheizen. Den Knoblauch, die Sardellen, die Chiliflocken, das Olivenöl und Salz und Pfeffer in einer Schüssel verrühren. Unbedingt ein geschmacksintensives Öl verwenden, da es das gesamte Brot durchziehen soll. Das Brot in kleine Würfel schneiden oder reißen und diese gut mit dem aromatisierten Öl mischen. Die Brotwürfel auf ein Blech streuen und im Ofen rösten, bis sie goldbraun und knusprig sind.

Die Pasta al dente kochen. Das Kochwasser abgießen und die Pasta mit den gerösteten Brotwürfeln, dem Parmesan und der Petersilie vermischen. Mit etwas gutem Olivenöl beträufeln und vor dem Servieren mit etwas mehr Pfeffer bestreuen.

BOWLS – EINE ART MODERNES RESTEESSEN

Die Idee des Bauernfrühstücks als Resteessen ist großartig, aber heutzutage hat man eher selten Kartoffeln, Zwiebeln und Fleisch übrig. Daher ist dieses Rezept an die moderne Küche angepasst. Verschiedene nahrhafte Bowls mit frischem Grün sind eine der einfachsten Möglichkeiten, ein gesundes und leckeres Essen zu zaubern. Dabei variieren die Zutaten je nach Saison, je nach Geschmack und je nachdem, was der Kühlschrank hergibt. Eine Bowl ist – wie das Bauernfrühstück – außerdem eine gute Möglichkeit, Reste anderer Mahlzeiten zu verwerten und so weniger Lebensmittel wegzuwerfen. Beginnen Sie mit einer sättigenden Grundlage und kombinieren Sie diese nach Belieben mit knusprigen, salzigen, süßen, milden und scharfen Zutaten. Und sparen Sie bitte nicht am Dressing. Die drei Vorschläge auf der rechten Seite sind meine persönlichen Favoriten.

Schritt 1 – Wählen Sie eine Basis und kochen Sie sie gemäß Packungsanweisung:	Quinoa schwarzer oder roter Reis Bulgur Zartweizen
Schritt 2 – Wählen Sie ofengeröstetes Gemüse oder Hülsenfrüchte, von denen Sie Reste im Kühlschrank haben:	Kürbis Süßkartoffel Zucchini Kichererbsen
Schritt 3 – Wählen Sie 3–4 Toppings:	Grünkohl, mit Zitronensaft mariniert Avocado gehobelter roher Brokkoli gehobelte rohe Karotte Frühlingszwiebeln in Ringen gehackte Cashew-, Mandel- oder Sonnenblumenkerne Granatapfelkerne Birnenspalten geschnittene Persimonen

Schritt 4 – Wählen Sie ein Dressing:

INGWER-KAROTTEN-KOKOS-DRESSING

1 EL frisch geriebener Ingwer
1 Karotte, geschält und gehackt
1 EL gehackter Koriander
2 EL Zitronensaft
3 EL Sesamöl
2 EL Reisessig
100 ml Kokosmilch
Salz und frisch gemahlener schwarzer Pfeffer

Alle Zutaten zu einem Dressing vermischen.
Mit Salz und Pfeffer abschmecken.

TAHINI-DRESSING

50 g Tahini
3 EL Zitronensaft
1 EL Honig
1 Msp. Chiliflocken
4 EL Olivenöl
1 EL gehackte Minze
Salz und frisch gemahlener schwarzer Pfeffer

Alle Zutaten zu einem Dressing verrühren.
Mit Salz und Pfeffer abschmecken.

ERDNUSS-DRESSING

100 g Erdnussbutter
2 EL Reisessig
1 EL japanische Sojasauce
2 EL Sesamöl
2 EL brauner Zucker
Salz

Alle Zutaten mit 100 ml kochendem Wasser zu einem Dressing
verrühren und nach Bedarf mit etwas Salz abschmecken.

FRITTATA AUS RESTEN

Eine Frittata ist für mich eine der besten Möglichkeiten, Gemüse-
vorräte aufzubrauchen und Reste von Mahlzeiten zu verwerten.
Sie ist zudem ein fantastisches Picknickgericht, da sie kalt fast
noch besser schmeckt.

Zutaten
(4 PORTIONEN)

2–3 EL Olivenöl
300 g gemischtes Ofengemüse
4 vorgekochte Kartoffeln, in
  Scheiben geschnitten
1 Schalotte, fein gehackt
8 Eier
2 EL gehackte Petersilie
Salz und frisch gemahlener
  schwarzer Pfeffer
60 g Käse (z. B. Feta, Manche-
  go, Chèvre oder Cheddar),
  zerkrümelt bzw. grob gerieben
1–2 Tomaten, in Scheiben
  geschnitten

Den Backofen auf 200 °C (Ober- und Unterhitze) vorheizen.
Das Olivenöl in einer großen ofenfesten Pfanne erwärmen. Das
Ofengemüse, die Kartoffelscheiben und die gehackte Schalotte
etwa 5 Minuten anbraten.

Die Eier in eine Schüssel aufschlagen und mit 3 EL Wasser und
der Petersilie verquirlen (etwas Petersilie zum Garnieren zurück-
behalten). Reichlich salzen und pfeffern. Die Eier in die Pfanne
geben und alles gut vermengen, damit das Gemüse gleichmäßig
verteilt wird. Mit dem Käse und den Tomatenscheiben belegen.
Die Pfanne auf mittlerer Schiene im Ofen backen, bis die Eimasse
vollständig gestockt ist, das dauert etwa 12–15 Minuten.

Heiß, lauwarm oder kalt genießen und kurz vor dem Servieren
die restliche Petersilie darüberstreuen.

GEBACKENER KÜRBIS UND ROSENKOHL
MIT CHÈVRE UND WALNÜSSEN

Ohne die Ermunterung durch meine Freundin Elin hätte ich wahrscheinlich nie angefangen, meine Rezepte mit der Welt zu teilen. Von Beginn unserer Freundschaft an hat sie mich unterstützt. Dieses Rezept, das während eines gemeinsamen Mittagessens entstand, als wir beide mit unseren Söhnen in Elternzeit waren, ist Elins Lieblingsgericht.

Zutaten

(4 PORTIONEN)

½ TL Chiliflocken
½ TL Koriandersamen
½ TL Salz
½ TL frisch gemahlener
   schwarzer Pfeffer
4 EL Olivenöl
1 kleiner Butternutkürbis
   (ca. 900 g)
250 g Rosenkohl
50 g Walnusskerne
1 unbehandelte Zitrone,
   Abrieb und Saft
1 TL Honig
80 g Feldsalat
200 g Chèvre (Ziegenkäse)

Den Backofen auf 225 °C (Ober- und Unterhitze) vorheizen. Die Gewürze im Mörser zermahlen und mit 2 EL Olivenöl verrühren.

Den Kürbis halbieren, schälen, entkernen und in Spalten schneiden. Den Rosenkohl waschen, putzen und die Röschen halbieren. Das Gemüse mit dem Gewürzöl einreiben.

Den Kürbis und den Rosenkohl auf einem Backblech verteilen. Sie sollten nicht zu dicht nebeneinander liegen. Etwa 25 Minuten backen. 10 Minuten vor Ende der Backzeit mit den Walnusshälften bestreuen. Für die letzten Minuten die Grillfunktion des Ofens zuschalten. Der Kürbis sollte weich und leicht goldbraun karamellisiert sein.

Den Feldsalat waschen und putzen. Das Dressing direkt auf dem Blech zubereiten. Dazu den Abrieb und Saft von der Zitrone, den Honig und die restlichen 2 EL Olivenöl darauf vermengen. Dann den Kürbis und den Rosenkohl im Dressing wenden. Zusammen mit dem Feldsalat auf einem Teller anrichten und mit dem grob zerteilten Ziegenkäse belegt servieren.

GEBRATENER BELLAVERDE MIT ZITRONE UND PINIENKERNEN

Bellaverde ist auch als Spargelbrokkoli bekannt. Die Stängel schmecken himmlisch gut! Nur keine falsche Zurückhaltung, wenn Sie das Gemüse braten, es sollte richtig dunkel geröstet werden.

Zutaten
(4 PORTIONEN)

2 EL Olivenöl
400 g Bellaverde
Abrieb von 1 unbehandelten
    Zitrone
Saft von ½ unbehandelten
    Zitrone
2 EL Pinienkerne
Salz und frisch gemahlener
    schwarzer Pfeffer

Eine Pfanne erwärmen, bis sie richtig heiß ist. Das Olivenöl hineingeben und den Bellaverde darin scharf anbraten. Die Pfanne vom Herd nehmen, den Zitronenabrieb auf dem Gemüse verteilen und den Zitronensaft darüberträufeln.

Die Pinienkerne in einer Pfanne ohne Fett rösten und vor dem Servieren zusammen mit Salz und frisch gemahlenem schwarzen Pfeffer über den Bellaverde geben.

Variante
Ersetzen Sie den Bellaverde durch gewöhnlichen Brokkoli oder grünen Spargel.

PASTA AL BURRO

Ich habe lange hin und her überlegt, ob dieses Rezept in ein Kochbuch gehört, denn es ist ja fast zu einfach. Gleichzeitig sind die Düfte meiner Kindheit in diesem Nudelgericht vereint, und genau diese Art von Nostalgie möchte ich in meinem Buch vermitteln. Betrachten Sie es vielleicht eher als eine glückliche Erinnerung an Essen und weniger als ein richtiges Rezept.

Zutaten
(4 PORTIONEN)

300 g Pasta (z. B. Spaghetti)
50 g Butter
3 Knoblauchzehen, gerieben
2 EL gehackte Petersilie
350 g geriebener Parmesan
Salz und frisch gemahlener
  schwarzer Pfeffer

Zunächst die Pasta kochen. Die Butter in einer Pfanne zerlassen und den Knoblauch darin anschwitzen. Er sollte keine Farbe annehmen, sondern nur aromatisch duften.

Die Pasta abgießen, sobald sie al dente ist. Zusammen mit der Petersilie und dem Parmesan in der Knoblauchbutter schwenken. Mit Salz und viel schwarzem Pfeffer abschmecken. Sofort servieren.

IM OFEN GEBACKENER FETA MIT TOMATEN

So serviere ich Feta und Tomaten gern in den kühleren Monaten des Jahres, wenn die Tomaten nicht ganz so aromatisch schmecken wie im Hochsommer. Ein perfektes und herrlich leichtes Mittagessen.

Zutaten
(4 PORTIONEN)

300 g Feta
400 g Cocktailtomaten
Salz und frisch gemahlener
 schwarzer Pfeffer
Saft von ½ Zitrone
3 EL Olivenöl

Zum Servieren
1 Topf Basilikum, Blätter
 abgezupft
Baguette

Den Backofen auf 200 °C (Ober- und Unterhitze) vorheizen. Den Feta in die Mitte einer mit Backpapier ausgelegten Auflaufform platzieren und die Tomaten darauf verteilen. Salzen und pfeffern. Mit dem Zitronensaft und dem Olivenöl beträufeln. Die Ränder des Backpapiers so hochschlagen, dass ein offenes Päckchen entsteht. Auf diese Weise können der Käse und die Tomaten zum Servieren herausgehoben werden und die Flüssigkeit verkocht nicht so schnell.

Etwa 15 Minuten im Ofen backen, bis der Käse goldgelb geröstet ist und die Tomaten weich sind und aufplatzen.

Feta und Tomaten auf einer Platte anrichten, mit Basilikumblättern bestreuen und mit frischem Baguette zum Aufstippen des köstlichen Safts servieren.

Variante
Der Feta kann durch Halloumi ersetzt werden.

KLASSISCHER TOMATENSALAT

Jedes Mal, wenn ich diesen Tomatensalat mache, bereite ich gleich
eine riesige Schüssel voll zu, um sicherzustellen, dass noch etwas
übrig bleibt. Wenn das Abendessen vorbei ist, stehe ich dann da
und esse die Reste mit einem Löffel. Er ist so lecker. Investieren
Sie in Olivenöl und Essig von hoher Qualität.

Zutaten

(4 PORTIONEN)

400 g Tomaten (z. B. Ochsen-
   herztomaten)
Salz und frisch gemahlener
   schwarzer Pfeffer
4 EL Olivenöl
3 EL Weißweinessig
2 TL Dijonsenf
2 Schalotten, fein gehackt
2 EL fein gehackte Petersilie

Die Tomaten in Scheiben schneiden und in eine große Schüssel
geben. Kräftig mit Salz und Pfeffer würzen. Das Olivenöl, den
Essig und den Senf verquirlen. Die Schalotten und die Petersilie
unterheben. Das Dressing über die Tomaten träufeln und alles
vorsichtig wenden. Vor dem Servieren mindestens 15 Minuten
durchziehen lassen.

Im Alltag verwende ich zum Servieren von Mahlzeiten, Brot
und Kuchen ein altes, großes und schweres Holzschneidebrett.
Je rustikaler, desto besser!

Ein wirklich scharfer Gemüsehobel ist eine meiner besten Investitionen in der Küche. Ich besitze einen großen japanischen Profihobel, mit dem ich täglich alles von Obst bis zu Gemüse schneide und zerkleinere.

FRISCHER GRÜNER SALAT

Ein knackiger grüner Salat ist ein unverzichtbarer Begleiter bei
fast allen Mahlzeiten. Widerstehen Sie der Versuchung, matschig
gewordene Tomaten oder nicht mehr ganz so frische Gurken-
scheiben darunterzumogeln. Es dürfen nur knackige grüne Blätter,
Kräuter und in Essig eingelegte Schalotten hinein.

Zutaten
(4 PORTIONEN)

2 kleine Schalotten, in sehr
   dünne Scheiben geschnitten
2 EL Weiß- oder Rotweinessig
2 Romana-Salatherzen
80 g gemischter grüner Salat
   (z. B. Feldsalat oder Rucola)
3 EL Olivenöl
1 TL Dijonsenf
Salz und frisch gemahlener
   schwarzer Pfeffer
2 EL fein gehackter Schnittlauch

Die Schalotten in eine kleine Schüssel geben und mit dem Essig
vermengen. Etwa 10 Minuten durchziehen lassen.

Den Salat waschen, putzen und in mundgerechte Stücke zupfen.
Für etwa 10 Minuten in eine Schüssel mit eiskaltem Wasser le-
gen, damit er richtig knackig wird. Das Wasser abgießen und die
Blätter auf einem sauberen Küchentuch abtropfen lassen.

Die Schalotten aus dem Essig nehmen und beiseitelegen.
Das Olivenöl und den Dijonsenf in die Schüssel mit dem Essig
geben. Alles verquirlen, bis das Dressing eindickt. Mit Salz
und Pfeffer abschmecken.

Die Salatblätter im Dressing wenden und auf einer großen
Platte anrichten. Mit den Schalotten und dem Schnittlauch
bestreut servieren.

RADIESCHEN MIT BUTTER UND SALZ

Dies ist nicht im eigentlichen Sinn ein Rezept, sondern eher eine Empfehlung, wie man Radieschen servieren kann, wenn sie Saison haben.

Zutaten

(4 PORTIONEN)

2 Bund Radieschen, möglichst
  mit etwas Grün
50 g Butter
Meersalzflocken

Die Radieschen waschen und eine Weile in eine Schüssel mit eiskaltem Wasser (vorzugsweise mit Eiswürfeln) legen, damit sie wirklich knackig werden. Auf einem Küchentuch trocknen lassen. Zusammen mit der Butter und Meersalzflocken servieren.

GURKE MIT JOGHURT, DILL UND MINZE

Dieser cremige Gurkensalat schmeckt am besten, wenn das Augenmerk mehr auf der Gurke als auf dem Joghurt liegt. Mit anderen Worten: Beginnen Sie mit einer kleineren Menge Joghurt, damit die Sauce nicht zu stark dominiert.

Zutaten
(4 PORTIONEN)

1 Bio-Salatgurke
2–3 EL griechischer Joghurt
½ Knoblauchzehe, gerieben
1 EL gehackter Dill
1 EL getrocknete Minze
1 unbehandelte Zitrone,
 Abrieb und Saft
Salz und frisch gemahlener
 schwarzer Pfeffer

Zum Servieren
Olivenöl

Die Gurke der Länge nach halbieren und das Kernhaus mit einem Teelöffel herausschaben. Die ungeschälte Gurke in grobe, ungleichmäßige Stücke schneiden.

Den Joghurt, den Knoblauch, den Dill, die Minze und Abrieb sowie Saft von der Zitrone verrühren. Die Gurke im Joghurtdressing wenden und mit Salz und Pfeffer abschmecken.

Auf Tellern anrichten und mit Olivenöl beträufelt servieren.

Variante
Ersetzen Sie die Gurke durch vorgegarte kalte rote Bete.

PASTA À LA WODKA

Als ich mich daranmachte, dieses Buch zu schreiben, war dies
eines der ersten Rezepte, die mir in den Sinn kamen. Es ist näm-
lich ein Alltagsfavorit bei uns. Lassen Sie sich nicht abschrecken –
der Alkohol verkocht, und ich kann Ihnen fast versprechen, dass
es sich auch im Kreis Ihrer Familie zu einem Lieblingsgericht
entwickeln wird.

Zutaten

(4 PORTIONEN)

1–2 EL Olivenöl
1 mittelgroße Zwiebel, fein
  gehackt
2 Knoblauchzehen, fein
  gehackt
½ TL Chiliflocken
1 Tube Tomatenmark (200 g)
50 ml Wodka
250 ml Kochsahne
300 g Pasta (z. B. Penne oder
  Rigatoni)
100 g geriebener Parmesan
Salz und frisch gemahlener
  schwarzer Pfeffer
1 Topf Basilikum, Blätter
  abgezupft

Das Olivenöl in einem gusseisernen Topf erhitzen und die
Zwiebel 3–4 Minuten darin anschwitzen, bis sie glasig und
weich sind. Den Knoblauch und die Chiliflocken hinzufügen
und alles einige Minuten weiterbraten. Der Knoblauch sollte
keine Farbe annehmen.

Das Tomatenmark hinzugeben und etwa 10 Minuten vorsichtig
dunkelrot anbraten. Oft umrühren.

Den Wodka hinzugießen und alles unter Rühren auf die Hälfte
einkochen. Die Temperatur reduzieren und die Sahne unterrühren.

Die Pasta al dente kochen. Vor dem Abgießen 100 ml Kochwasser
abschöpfen und beiseitestellen. Das Wasser zusammen mit der
Pasta in die Sauce geben. Zum Kochen bringen, damit die Pasta
die Sauce aufnimmt. Den Parmesan unterheben und alles mit
Salz und großzügig mit frisch gemahlenem schwarzem Pfeffer
abschmecken. Vor dem Servieren die Basilikumblätter über der
Pasta à la Wodka verteilen.

DIE HEILENDE KRAFT DER RUHE

Die heilende Kraft der Ruhe

Dieses Kapitel ist mein heimliches Lieblingskapitel. Die Philosophie dahinter basiert auf meiner Überzeugung, dass Essen sowohl körperliche als auch geistige Entspannung bewirken kann und eine hervorragende Möglichkeit darstellt, seinen Mitmenschen etwas Gutes zu tun. Die folgenden Gerichte sind wohltuend und wärmend, doch entscheidend ist wohl die freundliche Absicht dahinter.

Kürzlich haben meine Familie und ich in Australien den plötzlichen Tod unseres geliebten Uncle Peter miterlebt. Peter war Priester und hatte eine große Familie über die blutsverwandte hinaus. Inmitten lähmender Trauer merkte ich, wie unser Kühlschrank sich nach und nach mit Lebensmitteln füllte, überbracht von fürsorglichen Freunden. Das alles lief ganz diskret und mit liebevoller Selbstverständlichkeit ab. Wir labten uns an Gratins, kleinen Sandwiches und vielen, vielen Varianten der Maracujatorte, die Peter während seiner – unwissentlich – letzten Mahlzeit zu seinem Lieblingsdessert erklärt hatte.

In diesem Kapitel finden Sie Rezepte für jede Gelegenheit, bei der ein trostspendendes, heilsames Mahl vonnöten ist – von entzündungshemmender Golden Milk bis hin zu Melanzane alla Parmigiana, die sich perfekt in den Kühlschrank eines Freundes stellen lassen. Natürlich darf auch Onkel Peters Maracujatorte nicht fehlen.

JAHRESZEITLICHE RITUALE

Eine Möglichkeit, sich zu erden, besteht darin, im Einklang mit den Jahreszeiten zu leben. Das schafft einen gleichbleibenden Rhythmus und Gewohnheiten, verlässliche, wiederkehrende Rituale, die beinahe meditativ wirken und den alltäglichen Momenten zwischen den über das Jahr verteilten Feiertagen Bedeutung verleihen. Auch aus diesem Grund kann es ratsam sein, sich saisonal zu ernähren – neben der offensichtlichen Tatsache, dass die Lebensmittel dann auch am besten schmecken. Ein hervorragendes Beispiel dafür ist Brennnesselsuppe – ein untrügliches Symbol dafür, dass wir den Winter überstanden haben und der Frühling endlich da ist. Gleiches gilt für die Tischdekoration. Überlegen Sie, welche der folgenden Rituale Sie für sich übernehmen könnten.

Winter

Dekorieren Sie Ihr Zuhause mit kleinen Winterstillleben, zum Beispiel indem Sie getrocknete Orangengirlanden an Türen, über Bilder oder über den Kaminsims hängen. Im Winter backen wir viel und dekorieren unser Essen mit tiefrot funkelnden Granatapfelkernen.

Frühling

Es gibt nichts Schöneres und Befriedigenderes für mich, als mit dem ersten Frühgemüse zu kochen. Spargel und Brennnesseln haben da selbstverständlich ihren Platz, aber ich bin am glücklichsten, wenn die ersten Schalerbsen heranreifen. Sie sind am schönsten, wenn sie in der geöffneten Schote serviert werden. Sehen Sie sich das Rezept für Parmesan-Polenta (Seite 74) an, dann wissen Sie, was ich meine. Jetzt bringen wir die ersten Samen und Zwiebeln aus, und es macht Erwachsenen und Kindern gleichermaßen Freude zu sehen, wie alles wächst und gedeiht. Der Tisch wird mit Zweigen und alltäglichen Dingen wie einer Schale pastellfarbener Eier dekoriert. Das Einfache und Natürliche hat seinen ganz besonderen Reiz. Zu dieser Jahreszeit ersetze ich meine weißen Kerzen durch grüne.

Sommer

Nichts ist einfacher, als den Sommer mit Essen zu feiern. Endlich sind die Tomaten reif und werden, ebenso wie Früchte und Beeren, in vielen Gerichten verwertet. Meine Tochter fädelt Walderdbeeren auf lange Strohhalme und verschenkt diese an Freunde – Kinder wie Erwachsene. Eine kleine Geste, aber wer würde sich nicht darüber freuen? In dieser Jahreszeit füllen wir das Haus mit Blumen, und wer – wie ich – keinen eigenen Garten hat, dem empfehle ich Blumenfelder, wo man sich selbst die prächtigsten Blumensträuße zusammenstellen kann.

Herbst

Im Herbst höre ich besonders viel Musik und spiele oft eine ganz bestimmte Playlist mit Jazz ab – vielleicht, weil ich zu dieser Jahreszeit auch besonders gerne Gerichte zubereite, die Zeit brauchen. Nun zeigt sich der Kürbis von seiner besten Seite. Ich koche nicht nur jede Menge Kürbisgerichte, sondern dekoriere auch unseren Esstisch mit Stillleben aus kleinen hübschen Zierkürbissen, zusammen mit Kerzenleuchtern und Bienenwachskerzen. Und die riesigen Sommersträuße verschönern unser Heim jetzt in getrockneter Form.

DIE HEILENDE KRAFT DER RUHE

FÜRSORGE – FÜR SICH UND ANDERE

Vor einigen Jahren habe ich ein sehr erfolgreiches internationales Unternehmen beim Start eines neuen Projekts begleitet. Dort folgte man der – damals für mich verblüffenden – Strategie, sich bei allem eine 80-Prozent-Marke als Ziel zu setzen. Auf diese Weise könne man viele Dinge in einem effizienten Tempo erledigen und ein zu großes Augenmerk auf Details vermeiden. Tatsächlich hätte es kaum einen Unterschied gemacht, wenn man auch noch die letzten 20 Prozent erledigt hätte. Und vielleicht sind gerade diese 80 Prozent der magische Ansatz, eine Philosophie, die hilft, im Job, zu Hause und bei der Essenszubereitung möglichst viel zu schaffen, ohne unter Druck und in Stress zu geraten. Beispielsweise wenn man feststellt, dass die Gäste in einer Stunde kommen und man weder geduscht ist noch das Essen fertig hat. Ich finde außerdem, dass die 80-Prozent-Regel eine gute Art ist, seine Fürsorge für andere zu zeigen. Sich »das ist schon in Ordnung so« zu sagen und das eigene Streben nach Perfektion abzulegen, ist eine konkrete Art zu zeigen, dass man auch von niemand sonst Perfektion erwartet.

Ich überlege oft, wie man anderen mit Essen etwas Gutes tun kann. Für mich äußert sich das auf vielfältige Weise. Seinen Gästen eine hübsch ange-richtete Mahlzeit zu servieren und den Tisch mit einem schönen Tischtuch und edlen Gläsern zu decken, bedeutet für mich ebenso Fürsorge wie Freunden eine einfache Mahlzeit vorbeizubringen, wenn sie aus verschiedenen Gründen etwas mehr Zuwendung als sonst benötigen oder es etwas zu feiern gibt. Manchmal ist es gut, das mit einem Gespräch und ein wenig Geselligkeit zu verbinden, aber es ist fast ebenso schön, einen Korb oder einen Teller vor jemandes Tür zu stellen und erst nach dem Weggehen eine SMS zu schicken mit der Bitte, einen Blick nach draußen zu werfen. Frischgebackene Eltern freuen sich über eine nahrhafte Mahlzeit oder einen besonders erlesenen Kaffee. Wenn jemand krank oder in Trauer ist, sind Gerichte gut, die im Kühlschrank oder Gefrierfach aufbewahrt und nach und nach gegessen werden können, wie Gratins und Tartes. Viele unserer engsten Freunde wohnen in der Nachbarschaft, und es ist eine schöne Geste, wenn man ihnen sonntags auf dem Weg vom Bäcker nach Hause eine Tüte mit frisch gebacke-nen Croissants vor die Tür legt. Um Weihnachten herum kann man sich mit selbst gebackenen Plätzchen bei der Nachbarin unten für all die Sonntage entschuldigen, an denen die Kinder schon frühmorgens mit klobigem Spiel-zeug um sich geworfen haben.

KOKOSMILCHBREI AUS POLENTA
UND CHIASAMEN MIT BIRNEN
UND HONIG
S. 116

TÜRKISCHE EIER MIT
JOGHURT, FETA UND
KRÄUTERN
S. 30

AVOCADO MIT POCHIERTEM EI
UND OLIVENÖL
S. 92

GEBACKENE ARME RITTER
S. 82

GEBACKENER HAFERBREI MIT POCHIERTEM OBST

Es ist wahrscheinlich eine der liebevollsten Gesten unter Freunden,
frischgebackene Eltern mit nahrhaftem Essen zu beschenken. Nach
der Geburt meiner Kinder verspürte ich jedes Mal einen Heiß-
hunger auf bestimmte Gerichte, Haferbrei zum Beispiel. Wenn
mir jemand eine Schüssel von diesem cremigen, reichhaltigen Brei
gebracht hätte, hätte ich bestimmt vor Glück geweint.

Zutaten
(4 PORTIONEN)

Für den Haferbrei
150 g Haferflocken (Feinblatt)
1 TL Backpulver
2 Msp. Salz
2 Msp. gemahlener Zimt
1 Msp. gemahlene Vanille
4 kleine Äpfel
600 ml Hafermilch
60 g Walnusskerne
4 EL Ahornsirup
2 EL Butter

*Für die pochierten
Trockenpflaumen*
400 g Trockenpflaumen,
   entsteint und zerteilt
½ unbehandelte Orange, mit
   Schale in Scheiben geschnitten
½ unbehandelte Zitrone, mit
   Schale in Scheiben geschnitten
2 Zimtstangen

Für die Nussbutter
100 g Nussbutter (z. B. Erdnussbutter, Mandelbutter oder
   Cashewbutter)
3 EL Hafermilch
1 TL Ahornsirup

Zum Servieren
aufgeschäumte Hafermilch

Den Backofen auf 175 °C (Ober- und Unterhitze) vorheizen. Die
Haferflocken mit dem Backpulver, dem Salz, dem Zimt und der
gemahlenen Vanille mischen. Zwei der Äpfel reiben. Die Hafermilch, die geriebenen Äpfel, die Walnüsse und 3 EL Ahornsirup
in die Flockenmischung einrühren. Eine kleine Auflaufform mit
der Butter einfetten und die Mischung darin verteilen. Die beiden
restlichen Äpfel in sehr dünne Scheiben schneiden, am besten
mit einem Gemüsehobel, und diese auf den Brei legen. Mit
1 EL Ahornsirup beträufeln und 30 Minuten im Ofen backen,
bis die Haferflocken die gesamte Flüssigkeit aufgesogen haben.

In der Zwischenzeit die Trockenpflaumen pochieren. Zusammen
mit den Orangen- und Zitronenscheiben und den Zimtstangen
in einen Topf geben. Mit Wasser bedecken und bei geschlossenem
Deckel leicht köcheln lassen.

Die Nussbutter mit der Hafermilch und dem Ahornsirup verrühren.

Etwas Nussbutter über den Brei träufeln und diesen in der
Form zusammen mit den pochierten Pflaumen und mit etwas
aufgeschäumter Hafermilch servieren.

Variante
Ersetzen Sie die Trockenpflaumen durch frische Pflaumen, Kirschen
oder geschälte Apfel- oder Birnenspalten.

GOLDEN MILK

Das Trendgetränk aus Fernost ist wärmend und angenehm würzig. Außerdem ist es für seine entzündungshemmende Wirkung bekannt und stärkt das Immunsystem. Cashewmilch soll zudem den Serotoninspiegel erhöhen. Der Grund, warum ich im Winter gern Golden Milk trinke, ist allerdings ein anderer: Ich finde sie einfach unwiderstehlich lecker.

Zutaten
(1 GROSSE TASSE)

300 ml Cashewmilch
1 Msp. Cayennepfeffer
1 Msp. gemahlener Zimt
1 Msp. frisch gemahlener
  schwarzer Pfeffer
1 Msp. gemahlene Vanille
1 TL Kokosöl
1 TL Honig
1 Stück frischer Ingwer
  (ca. 1 cm), in Scheiben
  geschnitten
1 Stück frische Kurkuma
  (ca. 1 ½ cm), in Scheiben
  geschnitten

Zum Servieren
gemahlener Zimt

Die Cashewmilch in einem kleinen Topf zusammen mit dem Cayennepfeffer, dem Zimt, dem Pfeffer, der Vanille, dem Kokosöl, dem Honig, dem Ingwer und der Kurkuma erhitzen. Die Cashewmilch sollte dampfend heiß sein, aber nicht kochen.

Die Flüssigkeit inklusive der Gewürze in einen Mixer gießen und etwa 1 Minute zu einem glatten, schaumigen Drink verarbeiten. Sofort in eine große Tasse geben und vor dem Servieren mit etwas Zimt bestauben.

PILZRAGOUT MIT PARMESAN-POLENTA

Dieses Gericht ist nicht kompliziert, aber die Würze muss stimmen.
Das gilt sowohl für die Polenta, die bei zu zaghaftem Würzen
schnell langweilig gerät, als auch für das Ragout, das kräftig und
pikant abgeschmeckt sein sollte.

Zutaten
(4 PORTIONEN)

Für die Parmesan-Polenta
400 ml Vollmilch (3,5 % Fett)
2 Lorbeerblätter
1 Msp. gemahlene Muskatnuss
3–4 schwarze Pfefferkörner
3 Knoblauchzehen
150 g Polenta
25 g Butter
100 g geriebener Parmesan plus
   etwas mehr zum Servieren
Salz und frisch gemahlener
   schwarzer Pfeffer

Für das Pilzragout
650 g gemischte Pilze
   (z. B. braune Champignons,
   Austernpilze und Portobello)
1 EL Olivenöl plus 1–2 EL
   zum Servieren
1 EL Butter
3 Schalotten, fein gehackt
2 Knoblauchzehen, fein gehackt
½ EL fein gehackter frischer
   Thymian
Salz
200 ml Rotwein
200 ml Pilz- oder Gemüsebrühe
2 EL fein gehackte Petersilie

Mit der Polenta beginnen. 400 ml Wasser und die Milch mit den
Lorbeerblättern, dem Muskat und den Pfefferkörnern in einen Topf
geben. Die Knoblauchzehen mit einem Messer leicht andrücken
und ebenfalls zufügen. Die Milchmischung erwärmen, aber den
Topf kurz vor Erreichen des Siedepunkts vom Herd nehmen.
Beiseitestellen und 30 Minuten ziehen lassen.

Unterdessen die Pilze putzen und grob in Stücke zupfen bzw.
schneiden und in einer heißen, gusseisernen Pfanne ohne Fett
braten, bis alle in ihnen enthaltene Flüssigkeit verkocht ist. Dann
Öl und Butter hinzufügen und weiterbraten, bis die Pilze schön
gebräunt sind. Die Schalotten, den Knoblauch, den Thymian
und etwas Salz hinzufügen und bei niedriger Temperatur etwa
5 Minuten braten, bis die Schalotten weich sind. Mit dem Wein
und der Brühe aufgießen und etwa 15 Minuten kochen, bis die
Flüssigkeit auf ungefähr die Hälfte einreduziert ist.

Die Milchmischung durch ein Sieb gießen und die Gewürze entfernen. Erneut aufkochen, die Polenta hineinrieseln lassen und
umrühren, bis ein glatter Brei entsteht. Einige Minuten köcheln
lassen und dann die Pfanne vom Herd nehmen. Die Butter und den
geriebenen Parmesan unter den Polentabrei mengen. Großzügig
mit Salz und frisch gemahlenem schwarzem Pfeffer abschmecken.

Die Petersilie in das Pilzragout rühren. Die Polenta auf einem
Teller anrichten, Pilzragout und geriebenen Parmesan darauf
verteilen und mit Olivenöl beträufelt servieren.

KOKOSMILCH-SMOOTHIE MIT MANGO UND MINZE

Dieser einfache Smoothie gehört am Wochenende auf jeden Frühstückstisch. Bisher waren alle, die ihn probiert haben, begeistert. Denken Sie daran, dass die Mango erst etwas auftauen muss, sonst wird der Smoothie eher ein Eisgetränk.

Zutaten
(4 GLÄSER)

400 g TK-Mango
1 Dose Kokosmilch (400 ml)
1 Bund Minze, gehackt
½ unbehandelte Zitrone,
 Abrieb und Saft
1 TL Honig
Hafermilch zum Verdünnen
 (optional)

Das tiefgekühlte Obst auf einem Teller etwa 10 Minuten auftauen lassen.

Die Mango mit der Kokosmilch, der Minze, Abrieb und Saft der Zitrone und dem Honig zu einem glatten Smoothie mixen. Ist das Getränk zu dick, kann es mit etwas Hafermilch verdünnt werden. In einen Krug gießen und bis zum Servieren kalt stellen.

BUTTERNUT-PASTA MIT SALBEI UND PARMESAN

Einige Gerichte heben die Stimmung wie ein Streifen Sonnenlicht an einem Herbsttag. So ist es mit diesem Rezept, einem Klassiker, den meine Familie bestimmt später einmal als einfachen, aber luxuriösen Alltagsfavoriten bezeichnen wird. Das Kürbispüree kann am Vortag zubereitet werden.

Zutaten
(4 PORTIONEN)

½ Butternutkürbis (ca. 400 g),
    geschält und gewürfelt
1 mittelgroße Zwiebel, gehackt
2 Knoblauchzehen, gehackt
2 EL Olivenöl plus etwas mehr
    zum Servieren
800 ml Gemüsebrühe
2 EL Butter
1 Topf Salbei, Blätter abgezupft
400 g Pasta (z. B. Rigatoni oder
    Penne)
100 g geriebener Parmesan plus
    mehr zum Servieren
Salz und frisch gemahlener
    schwarzer Pfeffer

Den Kürbis, die Zwiebel und den Knoblauch in einem Topf mit Olivenöl anbraten, bis die Zwiebel glasig und weich ist. Mit der Gemüsebrühe aufgießen und zum Kochen bringen. Die Temperatur etwas reduzieren und die Brühe auf etwa die Hälfte einreduzieren. Leicht abkühlen lassen und im Mixer zu einem glatten Püree verarbeiten.

Die Butter in einer Pfanne zerlassen und die Salbeiblätter darin knusprig frittieren. Herausnehmen und auf Küchenpapier abtropfen lassen.

Die Pasta al dente kochen und das Wasser abgießen. Die Pasta zurück in den Topf geben und das Kürbispüree und den geriebenen Parmesan unterheben. Mit Salz und Pfeffer abschmecken. Auf Tellern anrichten und mit den frittierten Salbeiblättern belegen. Mit zusätzlichem Parmesan bestreut und mit Olivenöl beträufelt servieren.

Granatapfelkerne verwende ich in verschiedenen Gerichten und Desserts sowie zur Dekoration. Ich bevorzuge es, die Früchte aufzubrechen, statt sie mit einem Messer zu zerteilen, so bleiben die juwelenartigen Kerne unbeschädigt. Machen Sie einen kleinen tiefen Schnitt an der Basis, stecken Sie beide Daumen hinein und hebeln Sie die Frucht auf. Entfernen Sie dann vorsichtig die weißen Membranen und richten Sie die Granatapfelhälften an.

GEBACKENE ARME RITTER

Ich kann mir kein besseres Frühstück vorstellen als dieses, und wenn
Sie die gebackenen Armen Ritter servieren, werden alle am Tisch
begeistert sein. Sollten Sie keinen Hefezopf bekommen, können
Sie ihn durch klassisches Weißbrot von guter Qualität ersetzen.

Zutaten
(4 PORTIONEN)

1–2 EL Butter für die Form
400 g Hefezopf, in dicke
  Scheiben geschnitten
4 Eier
300 g Schlagsahne
60 g Honig
½ TL gemahlener Zimt
½ TL gemahlene Vanille
1 Msp. Salz
50 g Pekannusskerne (optional)

Zum Servieren
Puderzucker zum Bestauben
frische Früchte der Saison
  (z. B. Blaubeeren, Feigen,
  Brombeeren oder Erdbeeren)

Den Backofen auf 175 °C (Ober- und Unterhitze) vorheizen.
Eine Auflaufform mit Butter einfetten und die Hefezopfscheiben
dachziegelartig darin verteilen. Die Eier, die flüssige Sahne, den
Honig, den Zimt, die Vanille und das Salz verquirlen und vorsichtig darübergießen. Nach Wunsch mit Pekannüssen bestreuen.

20–30 Minuten im Ofen backen, bis der Hefezopf die gesamte
Flüssigkeit aufgenommen hat. Die Armen Ritter lauwarm abkühlen
lassen, mit Puderzucker bestauben und mit Früchten servieren.

BANANENBROT

Dies ist eines meiner persönlichen Lieblingsrezepte. Das Backwerk heißt zwar Bananenbrot, ich würde es aber eher als Kuchen bezeichnen. Es kann pur gegessen oder für den ultimativen Genuss mit Erdnussbutter und Salzflocken serviert werden. Je reifer und dunkler die Bananen sind, desto besser.

Zutaten

(8 STÜCKE)

100 g Butter, zimmerwarm,
  plus etwas mehr für die Form
Kartoffelstärke zum Bestauben
  der Form
175 g Puderzucker
2 Eier
5 reife Bananen, 4 zerdrückt
  und 1 längs halbiert
220 g Weizenmehl (Type 405)
1 TL Backpulver
½ TL Salz
½ TL gemahlene Vanille
½ TL gemahlener Zimt

Zum Servieren
Erdnussbutter (optional)
Meersalzflocken (optional)

Den Backofen auf 175 °C (Ober- und Unterhitze) vorheizen. Eine Kastenform (ca. 25 × 12 cm) einfetten und mit Kartoffelstärke bestauben.

Die Butter und den Puderzucker mit einem elektrischen Handrührgerät weiß und schaumig schlagen. Die Eier verquirlen, vier zerdrückte Bananen einrühren und die Mischung in die Buttermasse geben. Zu einem lockeren Teig verarbeiten.

Die übrigen trockenen Zutaten in einer Schüssel gut vermengen und in kleinen Portionen unter den Teig heben.

Den Teig in die Form geben und die halbierte Banane mit der Schnittfläche nach oben darauflegen.

Etwa 60 Minuten backen, bis das Brot goldbraun ist. Abkühlen lassen und in dicken Scheiben nach Wunsch mit Erdnussbutter und Meersalzflocken servieren.

Variante
Mengen Sie zusätzlich eine Handvoll grob gehackte dunkle Schokolade oder gehackte Nüsse wie Walnuss- oder Mandelkerne unter den Teig.

MELANZANE ALLA PARMIGIANA

Für mich ist dieses Gericht der Inbegriff dessen, was es bedeutet, für seine Liebsten zu kochen. Man tut es mit Sorgfalt und Zuneigung, lässt jedem Schritt die Zeit, die er braucht, und freut sich dabei, andere glücklich zu machen. Kein Gericht ist besser geeignet, um es in den Kühlschrank von jemandem zu stellen, der gerade etwas mehr Aufmerksamkeit benötigt.

Zutaten

(4 PORTIONEN)

doppelte Portion der
  Tomatensauce von S. 22
4 kleine Auberginen
ca. 2 EL Salz
100 g Paniermehl
200 g geriebener Parmesan
180 g Weizenmehl (Type 405)
4 Eier
400 g Mozzarella, in Stücke
  gezupft
6 g Petersilie, fein gehackt
13 g Basilikumblätter

Die Tomatensauce nach Rezept zubereiten und beiseitestellen. Man kann die Sauce bis zu 2 Tage im Voraus kochen.

Die Auberginen schälen, in ½ cm dicke Scheiben schneiden und rundherum salzen. Die Auberginenscheiben in vier Schichten mit Küchenpapier dazwischen auf ein Blech legen. Für etwa 30 Minuten mit einem Topf oder Ähnlichem beschweren, um den bitteren Saft herauszuziehen. Das Salz von den Auberginenscheiben wischen und diese trocken tupfen.

Den Backofen auf 180 °C (Ober- und Unterhitze) vorheizen. Das Paniermehl und 100 g geriebenen Parmesan in einer Schüssel vermengen. Das Mehl in eine separate Schüssel geben und die Eier in einer dritten verquirlen.

Einen sauberen Rost auf ein Blech stellen. Die Auberginenscheiben zuerst in Mehl, dann im Ei und schließlich im Paniermehl wenden. So viele Scheiben wie möglich in einer Schicht auf den Rost legen und etwa 10 Minuten backen, bis sie goldgelb sind. Nach der Hälfte der Garzeit wenden. Das Ganze wiederholen, bis alle Auberginenscheiben gebacken sind.

Die Auberginen abwechselnd mit dem Mozzarella, dem Rest des Parmesans, der Petersilie, den Basilikumblättern und der Tomatensauce in eine ofenfeste Form schichten. Die oberste Schicht sollte Tomatensauce sein, die mit ein paar Stücken Mozzarella belegt wird. 20 Minuten backen, bis der Käse Farbe angenommen hat. Vor dem Servieren mindestens 30 Minuten abkühlen lassen. Die Melanzane schmecken am besten lauwarm.

CAPONATA

Machen Sie sich das Leben leichter, indem Sie immer eine große Portion Caponata im Kühlschrank vorrätig halten. Warum? Dieses süßsaure sizilianische Gemüsegericht eignet sich hervorragend für Pasta oder auf einer Scheibe Brot, wenn überraschend der kleine Hunger kommt.

Zutaten

(4 PORTIONEN)

1 große Aubergine, in 2 cm
    große Würfel geschnitten
ca. 1 EL Salz
2 Stangen Sellerie, in Scheiben
    geschnitten
3 Knoblauchzehen, in Scheiben
    geschnitten
2 EL Olivenöl plus 50 ml zum
    Braten
1 Dose ganze geschälte Toma-
    ten (400 g)
2–3 EL Rotweinessig
1–2 TL Zucker
2 EL Kapern
2 EL schwarze oder grüne
    Oliven, entsteint
2 EL Pinienkerne
Salz und frisch gemahlener
    schwarzer Pfeffer
2 EL gehackte Petersilie

Zum Servieren
Pasta oder einige Scheiben
    geröstetes Sauerteigbrot

Zunächst die Auberginenwürfel mit dem Salz bestreuen, um die Flüssigkeit und die Bitterstoffe herauszuziehen. Während der Zubereitung der Tomatensauce beiseitestellen.

Den Sellerie und den Knoblauch in 2 EL Olivenöl anbraten. Die Tomaten aus der Dose hinzufügen und vorsichtig mit einem Löffel zerdrücken. Den Essig, den Zucker, die Kapern, die Oliven, die Pinienkerne, Salz und Pfeffer hinzufügen und etwa 30 Minuten köcheln lassen.

50 ml Olivenöl in einer großen Pfanne erhitzen und die Auberginenwürfel portionsweise darin anbraten. Jede fertige Portion sofort zur Tomatensauce geben.

Die Sauce ein wenig einkochen lassen und mit der Petersilie, Salz, Pfeffer und bei Bedarf etwas mehr Essig oder Zucker abschmecken. Die Caponata noch heiß mit Pasta oder lauwarm mit einem guten gerösteten Sauerteigbrot als Beilage servieren.

Das alte Bücherregal meines Großvaters, das er vor vielen Jahren auf einer Auktion ersteigert hat, dient mir heute zur Aufbewahrung von Gläsern, Silber, Leinentischdecken und Servietten. Die meisten Teile darin sind Erbstücke oder gebrauchte Dinge, die ich in Secondhandläden aufgestöbert habe.

AVOCADO MIT POCHIERTEM EI UND OLIVENÖL

Dieses Gericht hat jeden Samstagmorgen einen festen Platz auf unserem Frühstückstisch. Das Pochieren von Eiern mag zunächst schwer erscheinen, aber sobald man den Dreh heraus hat, ist es ein Klacks. Der Essig hilft, die Eier zusammenzuhalten. Einfacher zu kochen sind sie, wenn sie Zimmertemperatur haben.

Zutaten
(4 PORTIONEN)

2 EL Weißweinessig
4 Eier, zimmerwarm
2 reife Avocados
2 EL Olivenöl
1 Prise Chiliflocken
Meersalzflocken und frisch gemahlener schwarzer Pfeffer

1 l Wasser in einem kleinen Topf aufkochen, dann die Temperatur auf knapp über den Siedepunkt bringen. Den Essig hineingeben.

Eines der Eier in eine kleine Tasse aufschlagen. Das Wasser mit einem Löffel umrühren, um einen Wirbel zu erzeugen, dann das Ei zügig hineingleiten lassen. Vorsichtig mit einem Löffel zusammenschieben, sollte das Eiweiß zerfließen. Etwa 3 Minuten sieden, aber nicht kochen lassen. Das Ei mit einer Schaumkelle herausheben und einige Minuten auf Küchenpapier abtropfen lassen. Das Ganze mit den übrigen Eiern wiederholen.

Die Avocados zunächst in zwei Hälften teilen, den Kern entfernen und das Fruchtfleisch als Ganzes aus der Schale lösen. Dann mit einem kleinen scharfen Messer in dünne Scheiben schneiden. Die Avocadoscheiben auf einer Platte anrichten, mit den pochierten Eiern belegen und mit dem Olivenöl, den Chiliflocken, Meersalzflocken und Pfeffer abgeschmeckt servieren.

SOMMERPASTA MIT SONNENGEREIFTEN TOMATEN

Dieses Rezept lässt sich nur zubereiten, wenn die Tomaten aromatisch duften, glänzen und absolut perfekt sind – also nur ein paar Wochen im Jahr. Dann ist dieses lauwarme Gericht ein wahrer Hochgenuss.

Zutaten

(4 PORTIONEN)

8 große sonnengereifte Tomaten oder 4 Fleischtomaten, in
Scheiben geschnitten
½ Knoblauchzehe, gerieben
100 ml Olivenöl von bester
Qualität
3 EL Balsamicoessig
½ TL Chiliflocken
Salz und frisch gemahlener
schwarzer Pfeffer
400 g Pasta (z. B. Tagliatelle
oder Pappardelle), möglichst
frisch
2 EL feingehackte Basilikumblätter
50 g geriebener Parmesan

Die Tomaten, den Knoblauch, das Olivenöl, den Essig und die Chiliflocken in einer Schüssel vermischen. Mit Salz und Pfeffer abschmecken und mindestens 30 Minuten ziehen lassen.

Die Pasta al dente kochen. Das Wasser abgießen und die Tomaten mit der Marinade unter die Pasta heben. Mit Basilikumblättern und Parmesan bestreuen und sofort servieren.

RIBOLLITA

Ribollita ist eine toskanische Suppe, die rustikal, wärmend und nahrhaft ist. Eine einfache, trostspendende Mahlzeit. Eine Parmesanrinde mitzukochen ist einer meiner Geheimtipps, um eine leckere vegetarische Brühe mit Umami-Geschmack zu erhalten.

Zutaten
(4 PORTIONEN)

100 ml Olivenöl plus etwas
    mehr zum Servieren
1 mittelgroße Zwiebel, gehackt
3 Karotten, in feine Streifen
    geschnitten
2 Stangen Sellerie, in Scheiben
    geschnitten
2 Knoblauchzehen, gehackt
1 Lorbeerblatt
1 kleine Zucchini, gewürfelt
200 g Palmkohl ohne Strunk,
    in Stücke gezupft
1 Stück Parmesanrinde
1 Dose Cannellinibohnen
    (240 g Abtropfgewicht),
    abgespült
100 ml passierte Tomaten
2 ½ l Gemüsebrühe
½ Laib helles Sauerteigbrot
    vom Vortag, in grobe Stücke
    gerissen
Salz und frisch gemahlener
    schwarzer Pfeffer

Zum Servieren
geriebener Parmesan

Das Olivenöl in einem großen gusseisernen Topf erhitzen und die Zwiebel, die Karotten und den Sellerie 5 Minuten anbraten. Den Knoblauch und das Lorbeerblatt dazugeben und weitere 2 Minuten braten. Die Zucchini, den Palmkohl, die Parmesanrinde, die Bohnen, die passierten Tomaten und die Brühe hinzufügen. Etwa 20 Minuten zugedeckt köcheln lassen, bis das Gemüse weich ist.

Das Brot hinzufügen und aufkochen. Die Parmesanrinde aus der Suppe nehmen und entsorgen. Die Ribollita mit Salz und Pfeffer abschmecken. Mit geriebenem Parmesan bestreut und mit reichlich Olivenöl beträufelt servieren.

TORTELLINI EN BRODO –
TORTELLINI IN PARMESANBOUILLON

Manchmal braucht es im Leben jemanden, der einem eine herzhafte Mahlzeit serviert und einen Löffel dazu reicht. Eine dampfend heiße Schüssel Tortellini in Parmesanbouillon ist in solchen Fällen genau das passende Gericht.

Zutaten
(4 PORTIONEN)

2 l Gemüsebouillon
3 Knoblauchzehen
1 großes Stück Parmesanrinde
2 Lorbeerblätter
1 kleines Bund Petersilie plus
   1–2 EL fein gehackt zum
   Servieren
500 g Tortellini mit Ricotta-
   füllung
Salz

Zum Servieren
Olivenöl
geriebener Parmesan

Die Bouillon in einen großen Topf gießen. Die Knoblauchzehen mit einem Messer leicht andrücken und zusammen mit der Parmesanrinde, den Lorbeerblättern und der Petersilie in den Topf geben. 30 Minuten zugedeckt köcheln lassen. Die Bouillon abseihen und beiseitestellen. Die Parmesanrinde, der Knoblauch, die Lorbeerblätter und die Petersilie werden nicht mehr benötigt.

Die Tortellini in der Bouillon al dente kochen. Die gehackte Petersilie einrühren und bei Bedarf mit etwas Salz abschmecken. Die Bouillon mit viel Olivenöl beträufeln und mit geriebenem Parmesan bestreut servieren.

UNCLE PETER'S MARACUJATORTE

Mein geliebter Onkel Peter, ein warmherziger, liebevoller und sehr lebenslustiger Mann und katholischer Priester, verriet seinen Freunden bei einem gemeinsamen Abendessen kurz vor seinem Tod, dass Maracujatorte sein absolutes Lieblingsdessert sei. In den Tagen nach seinem Ableben wurde unser Kühlschrank von seinen Freunden mit dieser Torte bestückt, um uns etwas Gutes zu tun.

Zutaten

(4 PORTIONEN)

Für die Böden
200 g Butter, zimmerwarm, plus etwas mehr für die Formen
Kartoffelstärke zum Bestauben der Formen
200 g Zucker
3 große Eier
200 g Weizenmehl (Type 405)
2 TL Backpulver
1 Msp. Salz
2 EL Vollmilch (3,5 % Fett)

Für die Füllung
50 g Schlagsahne
50 g Vanillequark
2 Maracujas

Für die Glasur
120–180 g Puderzucker
2 Maracujas

Den Backofen auf 180 °C (Ober- und Unterhitze) vorheizen. Zwei Springformen (ca. 20 cm Ø) mit Butter fetten. Zwei Kreise aus Pergamentpapier ausschneiden und die Formen damit auslegen. Die Ränder mit Kartoffelmehl bestauben.

Die Butter und den Zucker etwa 6–7 Minuten mit einem elektrischen Handrührgerät weiß und schaumig schlagen. Die Eier mit einer Gabel in einer Schüssel verquirlen und in die Buttermischung einrühren. Das Mehl, das Backpulver und das Salz in einer Schüssel mischen und die Mixtur vorsichtig in die Butter-Ei-Mischung geben. Zum Schluss die Milch einrühren.

Den Teig auf die Formen verteilen und die Oberfläche glatt streichen. In der Mitte des Ofens etwa 25 Minuten backen. Die Stäbchenprobe machen. Die Teigböden in den Formen 10 Minuten abkühlen lassen, dann herausstürzen und mit der Unterseite nach unten auf ein Kuchengitter legen und vollständig abkühlen lassen.

Die Sahne schlagen. Den Vanillequark und das Fruchtfleisch der Maracujas einrühren und beiseitestellen.

Den Puderzucker und das Fruchtfleisch der restlichen 2 Maracujas zu einer gleichmäßigen Glasur verrühren.

Die Quarkfüllung auf einem der Böden verteilen. Den zweiten Boden vorsichtig darauflegen, die Glasur auf der gesamten Oberseite verteilen und vorsichtig über die Ränder laufen lassen.

ÄNGAMAT-SUPPE

Manche Gerichte können einen durch Raum und Zeit transportieren, finden Sie nicht auch? Diese gebundene Gemüsesuppe ist für mich Kindheit, Frühling und Frühsommer. Alles auf nur einem Teller vereint.

Zutaten
(4 PORTIONEN)

1 l Gemüsebouillon
8 kleine Kartoffeln (am besten
   Frühkartoffeln), halbiert
½ Blumenkohlkopf (ca. 400 g),
   in Röschen zerteilt
6 junge Karotten mit etwas
   Grün, der Länge nach halbiert
200 g Schalerbsen, ausgelöst
1 Bund Radieschen, vom Grün
   befreit
Knollen von 2 Frühlings-
   zwiebeln, in Spalten
   geschnitten
½ unbehandelte Zitrone,
   Abrieb und Saft
2 Eigelb
200 g Schlagsahne
Salz und frisch gemahlener
   weißer Pfeffer
1 Topf Kerbel, Blätter
   abgezupft

Die Gemüsebouillon in einem großen Topf aufkochen. Die Kartoffeln darin garen, bis sie gerade weich sind. Die Blumenkohlröschen und die Karotten mit in den Topf geben und einige Minuten kochen, sodass sie weich, aber noch bissfest sind. Anschließend die Schalerbsen, die Radieschen und die Zwiebeln ebenfalls dazugeben und knapp 1 Minute kochen. Den Zitronensaft hinzufügen.

Die Gemüsebouillon durch ein Sieb abgießen und das Gemüse beiseitestellen. Die Bouillon selbst zurück in den Kochtopf füllen, kurz aufkochen und die Temperatur reduzieren. Sie darf nicht mehr kochen. Dann das Eigelb und die flüssige Sahne in einer Schale verrühren und die Mischung in die Bouillon einrühren. Mit etwas Zitronenabrieb, Salz und weißem Pfeffer abschmecken.

Das Gemüse mit dem Kerbel in Suppenschalen anrichten. Die gebundene Bouillon in einen Krug oder eine Sauciere füllen und dann kurz vor dem Servieren über das Gemüse gießen.

Schöne Feste

Bei Feierlichkeiten geht es doch darum, dass die Gäste sich wohlfühlen, oder? Die gemeinsamen Abende mit Freunden, die mir besonders in Erinnerung geblieben sind, sind nicht die, bei denen das Essen besonders aufwendig zubereitet war, sondern die, bei denen der Gastgeber mir die meiste Aufmerksamkeit geschenkt hat. Entscheidend sind die kleinen Dinge, beispielsweise die Lichtstimmung oder die sorgfältige Wahl von Blumen und Geschirr, mit denen der Gastgeber den Gästen seine Wertschätzung zeigt.

Früher war ich oft unruhig und gestresst, kurz bevor meine Gäste eintrafen. Ich nahm mir viel zu komplizierte Gerichte vor, habe es selten geschafft, mich noch einmal frisch zu machen, und oft hing der elegante Rock, den ich eigentlich anziehen wollte, immer noch im Schrank. Am liebsten hätte ich in diesem Zustand alles abgesagt. Darum sollen die Rezepte in diesem Kapitel Ihnen Zeit für Sie selbst und Ihre Gäste schenken. Sie sollen nicht kompliziert sein, sondern einfach und trotzdem festlich und köstlich.

TISCHKULTUR

Meine Philosophie in Sachen Tischkultur ist die, dass man nicht auf die richtige Gelegenheit warten sollte, um seine besten Sachen zu benutzen. Deswegen ist es wichtig, eine entspannte Einstellung zu seinen Besitztümern zu haben. Diese gilt auch für das Essen selbst. Servieren Sie Maränenrogen auf Kartoffelchips, Wasser im Kristallglas, Pasta auf dem von Oma geerbten Porzellan. Lassen Sie Ihre Gäste sich selbst bedienen und legen Sie auf die Käseplatte einfach nur einen einzigen großen Käse, den besten, den Sie sich leisten können.

Feiertage und Jahreszeiten

Ich finde es sehr schön, wenn sich die Jahreszeiten im Menü und auf dem Tisch widerspiegeln. Von einem am Fuß des Sektglases befestigten Schneeglöckchen, das den Frühling ankündigt, bis hin zu ein paar Kürbissen, die sich beim Herbstfest den Tisch mit einem leckeren Pilzeintopf teilen, ist alles möglich.

Textilien

Ich persönlich statte den Tisch gerne mit edlen Decken, Leinenservietten und Platzsets aus. Am liebsten in Kombination mit einem Tischpolster, das unter das Ganze gelegt wird. Es sorgt für eine weichere Unterlage und dämpft die Geräusche von Besteck und Tellern. Tischpolsterstoffe sind in herkömmlichen Stoffgeschäften erhältlich und können auf das gewünschte Maß zugeschnitten werden. Nicht wirklich engagiert bin ich hingegen, wenn es um das Bügeln und Mangeln von Leinen geht, und eine meiner Lieblingstischdecken ist eigentlich eine gemusterte alte Gardine.

Geschirr

Meine kleine Sammlung verrät, dass ich zwei verschiedene Arten von Tafelgeschirr mag. Das eine ist sehr einfach und rustikal, am liebsten handgefertigt, für die feineren Gerichte. So wie der unebene kleine weiße Teller, den meine liebe Freundin Ellen selbst gemacht hat – den verwende ich immer für die schönsten Speisen. Das andere sind Klassiker aus Großbritannien oder Frankreich. Hier sind die Kontraste entscheidend. Stellen Sie sich Haferbrei in einer elegant verzierten Schüssel vom französischen Hersteller Gien vor. Zu guter Letzt: Ich bin davon überzeugt, dass Essen so oft wie möglich auf großen Tabletts, Vorlegeplatten oder rustikalen Schneidebrettern serviert werden sollte, von denen jeder sich selbst bedienen kann, im sogenannten »family style«.

SCHÖNE FESTE

Besteck

Verwenden Sie möglichst oft Silberbesteck, gerne altes, denn das ist auch für den Geldbeutel besser als neues. Bringen Sie das Silber auf Hochglanz, indem Sie es in ein Bad aus Salz und heißem Wasser auf Aluminiumfolie legen. Denken Sie jedoch daran, keine Eier oder Zitrusfrüchte mit Silberbesteck zu essen, da sie dann einen bitteren und unangenehm metallischen Beigeschmack erhalten.

Gläser

Ich liebe es, schöne Gläser für besondere Anlässe hervorzuholen. Und auch wenn ich es beim Tafelsilber nicht so genau nehme, gibt es Gläser, die ich nur für Menschen auf den Tisch stelle, die ihre Schönheit zu schätzen wissen. Andererseits finde ich es bewundernswert, wenn jemand völlig unbeschwert hauchdünne Kristallgläser mit dickwandigen Weingläsern im Bistro-Style kombiniert wie die, in denen man in Frankreich oder Italien den kosten-günstigen Hauswein serviert bekommt.

Kerzen

Zünden Sie Kerzen an – egal, ob zum Frühstück, zum Mittagessen oder zum Mitternachtssnack. Ich finde sie sogar am schönsten bei Tageslicht und ver-wende immer welche aus reinem Stearin. Die bekannte schwedische Designerin Estrid Ericson, Gründerin der Firma Svenskt Tenn, findet, dass Kerzen in hohen Ständern stehen sollten, weil Licht von unten nicht besonders schmeichel-haft ist, und da ist doch wirklich was dran, nicht wahr? Zurzeit gefallen mir persönlich besonders gut farbige Kerzen für die verschiedenen Jahreszeiten: grün im Frühling, honiggelb im Sommer, beige im Herbst und tief karmesin-rot im Winter. Bienenwachskerzen mit ihrem süßen Duft gehören in den dunkleren Monaten ebenfalls zu meinen Favoriten.

Blumen

Was Blumensträuße betrifft, greife ich gerne auf zwei verschiedene Varianten zurück. Kleinere luftige Sträuße, die aussehen, als wären sie gerade frisch vom Feld gepflückt worden, und die großen, üppigen Gebinde, die richtig Eindruck machen. Am schönsten finde ich es, wenn sie etwas asymmetrisch sind und nicht so hoch. Denken Sie daran, die Vase mit reichlich Wasser zu füllen, damit es den Blumen gut geht. Ich stelle Sträuße selten in die Tischmitte, sondern fast immer an den Rand. In der Mitte verdecken sie ja den Gästen die Sicht. Ich binde auch gerne eine oder mehrere Blumen mit etwas Band oder Schnur an die Stoffservietten und lege sie auf die Teller.

Dekoration

Blumen in allen Ehren, aber Tischdekoration kann auch anders aussehen. Ein Zweig oder eine Frucht funktionieren genauso gut, und die besten Ergebnisse erzielt man fast immer, wenn man nach dem Grundsatz arbeitet, weniger Verschiedenes, dafür mehr davon, zum Beispiel eine große Schale mit Zitronen oder ein paar Granatäpfel in einer schönen Keramikschüssel. Beschränken Sie die Dekoration auf einen Bereich des Tisches und versuchen Sie, ein harmonisches Bild zu erzeugen. Schließlich soll noch ausreichend Platz für Gläser und Besteck sein.

Accessoires

Sind Sie auch so begeistert von speziellen Accessoires, den kleinen Hilfsmitteln, die man eigentlich kaum benutzt, die aber trotzdem so viel Freude bringen? Eine Messerbank, ein schöner Serviettenring aus Silber, ein eigener kleiner Salzstreuer für jeden, eine tiefe Silberschale mit warmem Wasser, die das Essen warm hält: Diese Dinge lassen Ihre Gäste spüren, dass jeder von ihnen etwas Besonderes ist und seine Gesellschaft geschätzt wird.

CRÈME CARAMEL MIT ORANGEN-,
VANILLE- UND ZIMTAROMA
S. 146

BUTTERNUT-PASTA MIT SALBEI UND PARMESAN
S. 78

GALETTE MIT BRIE UND PALMKOHL
S. 118

CRUDITÉS MIT ARTISCHOCKENDIP

Es lebe die Rohkostplatte! Richten Sie darauf Gemüse der Saison an, ganz nach Ihrem Geschmack. Denken Sie daran, dass manche Gemüsesorten wie Spargel oder Rüben, die wir sonst nur im gegarten Zustand verzehren, in dünne Scheiben geschnitten auch roh gegessen werden können. Und wenn wir schon von Scheiben reden: Mein persönlicher Trick, um alles optisch möglichst ansprechend zu präsentieren, ist, die natürliche Form des Gemüses so weit wie möglich beizubehalten. Dazu liebe ich diesen Artischockendip. Das Rezept stammt von meiner Schwägerin. Vielen Dank dafür, Anna!

Zutaten
(4 PORTIONEN)

Für den Artischockendip
1 große Knoblauchknolle
1 EL Olivenöl plus etwas mehr
    zum Rösten des Knoblauchs
1 Glas Artischocken in Öl
    (ca. 240 g Abtropfgewicht)
1 unbehandelte Zitrone,
    Abrieb und Saft
100 g geriebener Parmesan
Salz und frisch gemahlener
    schwarzer Pfeffer

Für die Crudités
1 kg gemischtes Gemüse der
    Saison (z. B.: Radieschen
    junge Karotten, gerne in
    verschiedenen Farben
    grüner Spargel
    Zuckererbsen
    Ringelbete
    Blumenkohl)
4 hart gekochte Eier

Den Ofen auf 180 °C (Ober- und Unterhitze) vorheizen. Die Knoblauchknolle quer halbieren und die Hälften mit Schale in eine ofenfeste Form legen. Mit Olivenöl beträufeln und etwa 20 Minuten backen, bis sie weich und goldgelb sind.

Die Knoblauchzehen aus der Schale lösen und zusammen mit den Artischocken, dem Zitronenabrieb, 1 EL Olivenöl und dem Parmesan im Mixer zu einem glatten Dip verarbeiten. Mit etwas Zitronensaft, Salz und Pfeffer abschmecken.

Das Gemüse putzen und waschen. Die Karotten und den Spargel längs halbieren, die Ringelbete mit einem Gemüsehobel in Scheiben schneiden, die Zuckerschoten öffnen und den Blumenkohlkopf in Röschen zerteilen. Das Gemüse für einige Minuten in eine große Schüssel mit kaltem Wasser und ein paar Eiswürfeln legen, sodass das Gemüse richtig knackig wird. Vor dem Servieren auf Küchenpapier abtropfen lassen.

Das Gemüse auf einer großen Platte oder in einem Korb zusammen mit den Eiern und dem Artischockendip servieren.

KOKOSMILCHBREI AUS POLENTA
UND CHIASAMEN MIT BIRNEN UND HONIG

Diesen Brei nennen wir auch Geburtstagsbrei, vielleicht weil er
so festlich wirkt, obwohl es sich, nun ja, um Brei handelt. Da
die Chiasamen erwärmt und mit der Polenta vermischt werden,
erhalten sie nicht die übliche geleeartige Konsistenz.

Zutaten
(4 PORTIONEN)

800 ml Kokosmilch
100 ml Hafermilch plus etwas
    mehr zum Servieren
1 TL Zucker
1 Msp. Salz
1 Zimtstange
150 g Polenta
70 g weiße Chiasamen
1 Birne, mit einem Gemüseho-
    bel oder Messer in dünne
    Scheiben geschnitten
3 EL Honig

Zum Servieren
40 g grob gehackte Mandel-,
    Pekannuss- oder Walnuss-
    kerne
einige frische Feigen, Brom-
    beeren oder Blaubeeren
    (optional)

Die Kokosmilch, die Hafermilch, den Zucker, das Salz und die
Zimtstange in einem Topf verrühren. Erwärmen, bis die Milchmischung kochend heiß ist, und die Polenta und Chiasamen
einrieseln lassen. Weiterrühren, bis ein glatter Brei entsteht.
4–5 Minuten unter häufigem Rühren köcheln lassen.

Den Kokosmilchbrei in einen tiefen Servierteller geben und
mit den Birnenscheiben belegen. Mit Honig beträufeln und
mit Hafermilch, Nüssen und nach Wunsch einigen Feigen
oder Beeren servieren.

GALETTE MIT BRIE UND PALMKOHL

Die Galette erinnert an eine Tarte, ist allerding etwas einfacher
zuzubereiten. Zudem lässt sich der bretonische Klassiker, eigentlich
ein Buchweizenpfannkuchen, durch ein modernes, leichtes Topping
im Handumdrehen neu interpretieren. Natürlich können Sie den
Teig selbst zubereiten, doch wir verwenden der Einfachheit halber
Fertigteig. Das hier ist eines meiner absoluten Lieblingsgerichte, zu
dem ich gerne am Wochenende meine Freunde einlade. Kombinieren Sie es am besten mit einem frischen grünen Salat.

Zutaten
(4 PORTIONEN)

1 Rolle Fertigteig aus dem
  Kühlregal (Mürb-, Quiche-
  oder Flammkuchenteig)
1 EL Olivenöl für den Teig plus
  etwas mehr zum Braten
1 kleine Stange Lauch, in
  Scheiben geschnitten
200 g Palmkohl ohne Strunk,
  in Stücke gerissen
300 g Brie, in dicke Scheiben
  geschnitten

Den Ofen auf 200 °C(Ober- und Unterhitze) vorheizen. Den
Fertigteig auf einem Backblech ausrollen und den Rand in un-
gleichmäßigen Abschnitten etwa 1 cm nach innen umklappen.
Das Olivenöl über den Teig träufeln und mit einer Gabel Löcher
in den Boden stechen. Anschließend den Teig etwa 10 Minuten
vorbacken, bis die Ränder leicht gebräunt sind.

Den Lauch in einer Pfanne mit Olivenöl anschwitzen, bis er weich
ist. Die Temperatur etwas reduzieren, den Palmkohl zum Lauch
geben und etwa 5 Minuten mitbraten.

Den vorgebackenen Teig aus dem Ofen nehmen und den Brie
und die Kohlmischung darauf verteilen. Auf mittlerer Schiene
im Ofen überbacken, bis der Käse geschmolzen ist und der Kohl
leicht krosse Ränder bekommen hat. Die Galette warm oder lauwarm mit Salat servieren.

Binden Sie als Teil der Tischdekoration einige schöne Zweige in die Servietten mit ein. Meine Servietten habe ich mit Avocadoschalen in einem schönen altrosa Farbton eingefärbt.

GERÖSTETE BIRNEN MIT LINSEN
UND BLAUSCHIMMELKÄSE

Das hier ist mein Lieblingsrezept für Sonntagmittag, wenn ich
keine Lust habe, lange in der Küche zu stehen, aber trotzdem etwas
servieren möchte, das meine Gäste den Alltag vergessen lässt.
Süße Birnen, salziger Käse und nussige Linsen, hier ist alles dabei.

Zutaten
(4 PORTIONEN)

1 kg feste Birnen
4 EL weißer Balsamicoessig
4 EL Olivenöl
Meersalzflocken und frisch gemahlener schwarzer Pfeffer
100 g Walnusskerne
70 g Salat (Rucola oder Endivie)
380 g gekochte grüne Linsen
  oder Belugalinsen
200 g Blauschimmelkäse,
  zerkrümelt

Den Ofen auf 200 °C (Ober- und Unterhitze) vorheizen. Die
Birnen achteln. Die dekorativen Stiele an den Birnen nicht entfernen. Die Birnenspalten in eine ofenfeste Form legen und je 2
EL Balsamicoessig und Olivenöl darüberträufeln. Mit reichlich
Meersalzflocken und Pfeffer würzen. Anschließend etwa
15 Minuten backen, bis die Birnen weich sind und etwas Farbe
bekommen haben.

Die Walnusskerne ohne Fett in einer Pfanne rösten, bis sie eine
schöne Farbe bekommen haben und duften.

Den Salat waschen, trockentupfen und zusammen mit den ge-
kochten Linsen auf einen Servierteller geben. Mit den Birnen,
dem Blauschimmelkäse und den gerösteten Walnusskernen belegen. 2 EL Balsamicoessig und 2 EL Olivenöl vermischen und über
die Birnen träufeln. Zuletzt mit etwas Salz und Pfeffer würzen.

GEBACKENER BRIE MIT WARMEM ROSMARIN-HONIG, FEIGEN, NÜSSEN UND BEEREN

Bei gebackenem Brie denke ich an lange Winterabende und Drinks mit Freunden. Und ja, gebackener Käse mag etwas aus der Mode gekommen sein, aber wen kümmert das, wenn er doch so himmlisch lecker schmeckt?

Zutaten
(4–6 PORTIONEN)

1 ganzer runder Brie (500 g)
140 g Honig
1 Zweig Rosmarin, vorsichtig
    mit dem Mörser zerrieben,
    um die Aromen freizusetzen
65 g gehackte Nüsse
    (z. B. Walnuss-, Mandel-
    oder Pinienkerne)
frische Feigen, Brombeeren
    oder Blaubeeren

Zum Servieren
Käsecracker
1 Granatapfel, in Viertel zerteilt

Den Ofen auf 200 °C (Ober- und Unterhitze) vorheizen. Den Brie im Ganzen auf ein mit Backpapier ausgelegtes Blech setzen und in der Mitte des Ofens etwa 12 Minuten backen. Es ist wichtig, dass der Brie nicht aufgeschnitten wird, da er sonst ausläuft.

Unterdessen in einem kleinen Topf den Honig mit dem Rosmarinzweig etwa 5 Minuten leicht erwärmen. Der Honig darf nicht zu heiß werden oder gar kochen.

Den gebackenen Käse aus dem Ofen nehmen, mit den Nüssen und nach Belieben mit Feigen oder Beeren belegen und mit dem Honig beträufeln. Sofort mit leckeren Käsecrackern und den Granatapfelvierteln servieren.

CAESAR SALAD AUS PALMKOHL MIT SAUERTEIG-CROÛTONS UND POCHIERTEM EI

Eines meiner Lieblingsgerichte, die ich gerne am Wochenende serviere. Das Dressing für diesen Caesar Salad ist himmlisch lecker und kann auch als Dip für Gemüse verwendet werden.

Zutaten
(4 PORTIONEN)

Für die Croûtons
2 dicke Scheiben Sauerteigbrot,
    gerne vom Vortag
1 ½ EL Olivenöl
Salz und frisch gemahlener
    schwarzer Pfeffer

200 g Palmkohl

Für das Caesar-Dressing
1 Eigelb
1 Knoblauchzehe, fein gerieben
1 EL fein gehackte Sardellen-
    filets
1 EL Kapern
1 EL Vollmilch (3,5 % Fett)
1 EL Weißweinessig
70 g geriebener Parmesan plus
    etwas mehr zum Servieren
75 ml geschmacksneutrales
    Speiseöl (z. B. Rapsöl)

Für die pochierten Eier
2 EL Weißweinessig
4 Eier, zimmerwarm

Den Ofen auf 175 °C (Ober- und Unterhitze) vorheizen. Das Brot in Stücke reißen und auf ein Blech legen. Das Olivenöl, das Salz und den Pfeffer daraufgeben. Etwa 10 Minuten im Ofen rösten, bis die Brotstücke kross und gebräunt sind. Abkühlen lassen.

Den Palmkohl abspülen und in kleinere Stücke zerteilen.

Das Eigelb, den Knoblauch, die Sardellen, die Kapern, die Milch, 1 EL Essig und den Parmesan mit dem Stabmixer pürieren. Dann nach und nach das Öl in einem dünnen Strahl dazugeben und weitermixen.

1 l Wasser mit 2 EL Essig in einem kleinen Topf erwärmen und die Temperatur kurz vor dem Siedepunkt reduzieren. Eines der Eier in eine kleine Tasse schlagen. Das Wasser mit einem Löffel umrühren und einen Wirbel erzeugen, dann das Ei zügig hineingleiten lassen. Vorsichtig mit einem Löffel zusammenschieben, sollte das Eiweiß zerfließen. Etwa 3 Minuten sieden lassen. Das Ei mit einer Schaumkelle herausheben und auf Küchenpapier abtropfen lassen. Ebenso mit den übrigen Eiern verfahren.

Den Palmkohl mit dem Dressing vermengen, die Croûtons und die pochierten Eiern darauf anrichten und den Salat mit Parmesan bestreut servieren.

FÄCHERKARTOFFELN MIT SMETANA
UND MARÄNENROGEN

Es hat etwas sehr Befriedigendes, etwas so Einfaches wie eine
Kartoffel mit luxuriösem Maränenrogen und cremiger Smetana
zu kombinieren. Diese kleinen Kartoffeln serviere ich als Vorspeise,
wenn der Anlass ein besonderer ist, zum Beispiel zu Neujahr.

Zutaten

(4 PORTIONEN)

20 kleine, vorwiegend fest-
    kochende Kartoffeln
    (z. B. Mandelkartoffeln)
50 g Butter, zerlassen
Salz
100 g Smetana (russischer
    Sauerrahm mit hohem Fett-
    gehalt, alternativ Crème
    fraîche oder Schmand)
1 Schale Gartenkresse
50 g Maränenrogen (alternativ
    Kaviarersatz aus Seetang)
frisch gemahlener schwarzer
    Pfeffer

Den Ofen auf 225 °C (Ober- und Unterhitze) vorheizen. Die
Kartoffeln eine nach der anderen auf einen Kochlöffel legen und
fächerartig einschneiden. Der hohe Rand des Löffels verhindert
ein komplettes Durchtrennen.

Die Kartoffeln in eine ofenfeste Form legen und mit der Hälfte
der zerlassenen Butter beträufeln. Mit Salz bestreuen und auf
mittlerer Schiene 15 Minuten im Ofen backen. Anschließend
die restliche Butter über die Kartoffeln gießen und diese weitere
15–25 Minuten backen, bis sie goldbraun und knusprig sind.

Etwas abkühlen lassen und zum Servieren den Sauerrahm, die
geschnittene Gartenkresse, den Maränenrogen und schwarzen
Pfeffer auf die Kartoffeln geben.

Ich habe immer ein Kistchen mit schönen Kerzen zu Hause,
die ich für die Tischdekoration verwende. Am liebsten mag ich
handgezogene Kerzen.

SALZIGE DATTELN MIT JOGHURT UND CHILI

Bei diesen Datteln denke ich jedes Mal an meine Freundin Ellen.
Es ist interessant, wie bestimmte Gerichte mit Menschen und
Erinnerungen verknüpft sind. Süß, sauer, frisch, scharf und
salzig – dieses Gericht vereint all das und ist für mich der perfekte
Begleiter zum Aperitif.

Zutaten

(4 PORTIONEN)

20 Medjool-Datteln
2 EL Olivenöl plus etwas mehr
  zum Beträufeln
1 Msp. Chiliflocken
Salz
200 g Joghurt (3,5 % Fett)
½ rote Chilischote, in feine
  Scheiben geschnitten
Meersalzflocken und frisch gemahlener schwarzer Pfeffer

Zum Servieren
Sauerteigbrot in dünnen
  Scheiben, geröstet oder
  gegrillt

Einen kleinen Schnitt in jede Dattel machen und den Kern
entfernen. Das Olivenöl in einer kleinen Pfanne erwärmen und
die Datteln und Chiliflocken mit einer Prise Salz 5–6 Minuten
braten, bis die Datteln etwas karamellisiert sind.

Den Joghurt auf einen Teller geben und die warmen Datteln und
die Chilischeiben darüber verteilen. Anschließend mit Olivenöl
beträufeln und mit Meersalzflocken und Pfeffer würzen. Zusammen mit dem Brot servieren.

Variante
Die Datteln lassen sich durch andere Trockenfrüchte ersetzen,
z. B. Feigen oder Aprikosen, zusätzlich kann man das Gericht
mit Pistazien oder gehackten Mandeln bestreuen.

BUTTERNUT-FÄCHERKÜRBIS
MIT GEHOBELTEM ZIEGENKÄSE

Butternutkürbis bekommt man fast das ganze Jahr über. Er ist leicht zuzubereiten, verträgt hohe Temperaturen und längere Backzeiten. Am leckersten ist er, wenn er ordentlich Farbe und dadurch einen intensiven Geschmack bekommt. Man sollte ihn also nicht zu früh aus dem Ofen nehmen, der Kürbis kann ruhig ein wenig dunkel werden.

Zutaten
(4 PORTIONEN)

1 großer Butternutkürbis
  (ca. 1 kg)
4 Lorbeerblätter
1 Msp. Chiliflocken
2 EL Olivenöl
Salz und frisch gemahlener
  schwarzer Pfeffer
200 g Ziegenhartkäse
Abrieb von 1 unbehandelten
  Zitrone

Den Ofen auf 200 °C (Ober- und Unterhitze) vorheizen. Den Kürbis schälen, halbieren und entkernen. Eine Kürbishälfte mit der Schnittfläche nach unten auf ein Schneidebrett legen. Den Kürbis fächerartig einschneiden, aber nicht ganz durchtrennen. Dazu am besten Essstäbchen oder Kochlöffel an den Seiten platzieren. Ebenso mit der anderen Kürbishälfte verfahren.

Beide Hälften auf ein Backblech setzen und die Lorbeerblätter in die Schnitte stecken. Dann mit den Chiliflocken bestreuen und mit dem Olivenöl beträufeln. Reichlich mit Salz und Pfeffer würzen. 45 Minuten im Ofen backen. Die Grillfunktion zuschalten und weitere 5–10 Minuten backen, bis der Kürbis innen weich ist und eine schöne Farbe bekommen hat.

Kurz vor dem Servieren den Ziegenkäse darüberhobeln und mit dem Zitronenabrieb bestreuen.

KARAMELLISIERTE BIRNEN MIT KOKOSMILCH

Diese Birnen serviere ich gerne als Nachtisch. Dass Kokosmilch statt Eis oder Vanillesauce dazu gereicht wird, verleiht dem Gericht einen überraschend modernen Touch. Der Trick für die perfekt karamellisierte Oberfläche ist, die Birnen nicht zu früh zu wenden. Hier ist Geduld gefragt!

Zutaten
(4 PORTIONEN)

4 feste Birnen
2–3 EL Butter
90 g Muscovadozucker
150 ml Kokosmilch

Die Birnen schälen und längs halbieren. Die Stiele nicht entfernen. Die Butter in einer großen Pfanne zerlassen. Die Birnen mit der Schnittseite nach unten hineinlegen und bei mittlerer Temperatur je nach Größe 10–15 Minuten braten, bis sie goldgelb und weich sind. Nach einiger Zeit wenden, sodass sie auf beiden Seiten Farbe annehmen.

Den Muscovadozucker und 2 EL Wasser in die Pfanne zu den Birnen geben und rühren, bis der Zucker sich aufgelöst hat. Weitere 5 Minuten köcheln lassen, bis sich ein dickflüssiger Sirup gebildet hat.

Die Kokosmilch in eine kleine Kanne gießen. Die Birnen aus der Pfanne nehmen und den Sirup in die Kokosmilch rühren. Die Birnen auf einem großen Teller anrichten und mit der gesüßten Kokosmilch beträufelt servieren.

SKRABBELUCKER

In meiner Kindheit gab es zum Geburtstag meines kleinen
Bruders immer Skrabbelucker – luftige kleine Pfannkuchen
aus Rührkuchenteig, die mit Zimt und Zucker bestreut werden.
Unwiderstehlich lecker!

Zutaten
(4 PORTIONEN)

1 Ei
45 g Zucker
100 ml Vollmilch (3,5 % Fett)
150 g Weizenmehl (Type 405)
1 TL Backpulver
1 Msp. Salz
½ TL gemahlene Vanille
Butter zum Braten

Zum Servieren
½ EL gemahlener Zimt
1 EL Zucker
frische Beeren oder Beeren-
    marmelade

Das Ei mit dem Zucker schaumig schlagen. Anschließend die
Milch unterrühren. Die übrigen trockenen Zutaten in einer Schüssel
vermengen und in die Eimischung sieben. Vorsichtig untermengen.

Die Butter in einer kleinen Pfanne oder einer Blini-Pfanne zerlassen und darin kleine goldbraune Skrabbelucker backen, etwa
2 Minuten auf jeder Seite.

Den Zimt und den Zucker mischen und die frisch gebackenen
Mini-Pfannkuchen darin wenden. Sofort mit Beeren oder einem
Klecks Marmelade servieren.

AFFOGATO

Ein schlichtes köstliches Dessert, dessen Zubereitung nicht länger dauert als das Kochen eines Kaffees. Aber gerade wegen seiner Einfachheit ist gute Qualität wichtig. Hier lassen sich die Zutaten nicht verstecken.

Zutaten
(4 PORTIONEN)

4 Kugeln Vanille- oder Hasel-
  nusseis
4–8 EL Likör (z. B. Frangelico,
  Amaretto oder Borghetti),
  optional
4 Tassen heißer Espresso oder
  sehr starker Kaffee

Das Eis in Serviergläser geben. Nach Wunsch mit dem Likör beträufeln und den Espresso oder Kaffee darübergießen. Sofort servieren.

Für einen lockeren kleinen Strauß, der Eindruck machen soll, sind nicht viele Blumen nötig. Wenn diese hübschen Mohnblumen Saison haben, dekoriere ich den Tisch besonders gerne damit.

Dieser Tisch ist für eine Geburtstagsfeier gedeckt, mit schönen Blumen und herrlichen Kontrasten, dazu ein rustikales Holzbrett und hauchdünne Kristallgläser, Glasteller, von denen ich seit meiner Kindheit jedes Jahr meine Geburtstagstorte esse, geerbte Platzdeckchen und Tafelsilber vom Flohmarkt.

PAVLOVA MIT WEISSER SCHOKOLADE UND GEBACKENEM RHABARBER

Für mich als Halb-Australierin und Halb-Schwedin ist dieses Gericht die Vereinigung beider Kulturen, eine wunderbare Begegnung zwischen weißer Schokolade und Baiser. Falls es gerade keinen Rhabarber gibt, lässt er sich durch eine andere süßsäuerliche Kombination ersetzen, wie z. B. Lemon Curd und Erdbeeren, Maracuja oder einen mit Sternanis-Sirup marinierten Zitrusfrüchtesalat.

Zutaten

(4 PORTIONEN)

500 g Rhabarber
90 g Zucker
1 TL gemahlene Vanille
3 EL kalte Butter

Für das Baiser
3 Eiweiß
180 g Zucker
1 EL Zitronensaft
1 EL Speisestärke
80 g weiße Schokolade, gehackt

Zum Servieren
200 g Schlagsahne
1 EL Puderzucker
50 g griechischer Joghurt

Den Ofen auf 175 °C (Ober- und Unterhitze) vorheizen. Den Rhabarber schälen und schräg in 5 cm lange Stücke schneiden. Mit dem Zucker und der Vanille in eine Schüssel geben. Umrühren und stehen lassen, bis der Rhabarber Flüssigkeit abgibt. In eine ofenfeste Form schichten und die Butter in Flocken darauf verteilen. Im Ofen etwa 30 Minuten backen, bis der Rhabarber ganz weich ist. Beiseitestellen und abkühlen lassen.

Die Ofentemperatur auf 125 °C reduzieren. Das Eiweiß, den Zucker, den Zitronensaft und die Speisestärke in einer hitzebeständigen Schüssel verrühren, bis der Zucker sich auflöst. Wasser in einem großen Topf erwärmen und die Schüssel hineinstellen. Die Baisermasse über dem Wasserbad fest und glänzend schlagen, bis maximal 65 °C erreicht sind. Die Schüssel aus dem Wasserbad nehmen und weiterschlagen, bis die Baisermasse abgekühlt ist.

Die weiße Schokolade vorsichtig unter die Baisermasse heben. Vier kleine Türmchen auf ein mit Backpapier ausgelegtes Blech löffeln. In jedes eine Vertiefung drücken. Auf mittlerer Schiene etwa 45 Minuten im Ofen backen. Das Baiser sollte im Kern noch leicht weich und zäh sein.

Die Schlagsahne und den Puderzucker zusammen aufschlagen. Den Joghurt vorsichtig unter die Sahne heben.

Kurz vor dem Servieren einige Löffel Joghurtsahne und gebackenen Rhabarber auf die abgekühlten Baisers setzen.

CRÈME CARAMEL MIT ORANGEN-, VANILLE- UND ZIMTAROMA

Crème Caramel ist so etwas wie eine Tür zu alten Zeiten. Oft, wenn ich diesen Nachtisch serviere, berichten meine Gäste von glücklichen Kindheitserinnerungen, in welchen dieser Klassiker in irgendeiner Weise eine große Rolle gespielt hat. Das ist schön!

Zutaten

(6 PORTIONEN)

250 g Schlagsahne
250 ml Vollmilch (3,5 % Fett)
Abrieb von 2 unbehandelten
 Orangen
1 Msp. gemahlene Vanille
1 Msp. gemahlener Zimt
225 g Zucker
4 Eier

Den Ofen auf 150 °C (Ober- und Unterhitze) vorheizen. Die flüssige Sahne und die Milch zusammen mit dem Orangenabrieb, der Vanille und dem Zimt in einem Topf erhitzen, aber nicht zum Kochen bringen. Die Temperatur stark reduzieren und die Mischung ziehen lassen.

180 g Zucker gleichmäßig auf dem Boden eines mittelgroßen Topfs verteilen. Den Zucker schmelzen ohne umzurühren – hier ist Geduld gefragt. Wenn ein Großteil des Zuckers geschmolzen ist, kann der Topf leicht geschwenkt werden. Wird zu früh gerührt, klumpt das Karamell und wird hart. Der zerlassene Zucker sollte die Farbe von Bernstein haben, aber nicht verbrennen. Sobald das Karamell die richtige Farbe hat, sofort in eine ofenfeste Form füllen. Die Form vorsichtig schwenken, bis der Boden komplett mit einer dünnen Schicht bedeckt ist. Schnell arbeiten, bevor das Karamell hart wird. Die Form beiseitestellen.

Die Eier und den restlichen Zucker hell und schaumig schlagen. Die Sahne-Milch-Mischung vorsichtig durch ein Sieb in die Eimasse einrühren. Alles in die Form mit dem Karamell füllen.

Crème Caramel gelingt am besten im Wasserbad. Dafür die Form in ein Blech mit hohem Rand stellen und das Blech maximal halbhoch mit warmem Wasser füllen. Auf mittlerer Schiene 50 Minuten im Ofen backen, bis die Masse fest geworden ist. Anschließend ganz abkühlen lassen und für 1 Stunde in den Kühlschrank stellen. Mit einem kleinen Messer rundum vom Rand lösen und die Crème Caramel vorsichtig auf einen Servierteller stürzen.

SCHOKOLADENTORTE IN MEHREREN ETAGEN

Vor einigen Jahren hatte ich die große Ehre, die Torte für die Hochzeit meiner Freundin Louise zu backen. Ich wollte so viel Liebe wie nur möglich hineinstecken. Die Torte war ein Erfolg, und seitdem komme ich bei Geburtstagen und Festen immer wieder auf dieses Rezept zurück, weil es einfach und sehr lecker ist. Die saftigen Böden und die Glasur können schon einige Tage im Voraus zubereitet werden, um die Torte am großen Tag dann nur noch zu montieren. Es werden vier Springformen in zwei verschiedenen Größen benötigt.

Zutaten
(16–20 STÜCKE)

Für die 4 Tortenböden
Butter und Kartoffelstärke
  für die Formen
480 g Mehl
720 g Zucker
120 g Kakaopulver
2 TL gemahlene Vanille
2 TL Salzflocken
2 TL Backpulver
4 TL Natron
4 Eier
450 ml kalter Kaffee
500 g saure Sahne
200 ml Sonnenblumenöl

Für die Glasur
75 g Butter, zimmerwarm
120 g Puderzucker
½ TL gemahlene Vanille
120 g Erdbeermarmelade
150 g Frischkäse, gekühlt

Für die Dekoration
frische Früchte und Blumen
  nach Saison (z. B. Feigen, Kirschen, Blaubeeren, Erdbeeren,
  Granatapfelkerne, frische
  oder getrocknete Blumen)

Den Ofen auf 175 °C (Ober- und Unterhitze) vorheizen. Vier Springformen, zwei mit 15 cm und zwei mit 20 cm Durchmesser, mit Butter einfetten und mit Kartoffelstärke bestauben.

Für die Tortenböden alle trockenen Zutaten in einer Schüssel vermengen. Die Eier nacheinander untermischen. Anschließend den Kaffee, die saure Sahne und das Öl einrühren.

Den Teig auf die vier Formen verteilen und jeweils eine große und eine kleine Form zusammen 25–30 Minuten auf mittlerer Schiene im Ofen backen. Die Stäbchenprobe durchführen. Die Böden in der Form etwas abkühlen lassen und auf ein Kuchengitter stürzen. Vollständig abkühlen lassen.

Die Butter, den Puderzucker und die Vanille mit einem elektrischen Handrührgerät schaumig schlagen. Anschließend die Erdbeermarmelade unterheben. Den Frischkäse zügig unter die Buttermasse rühren und für 15 Minuten in den Kühlschrank stellen, bis die Glasur fest, aber noch streichfähig ist.

Einen der großen Böden auf eine Platte setzen und oben mit Glasur bestreichen. Dann den zweiten großen Boden darauf platzieren und ebenfalls oben mit Glasur bestreichen. Jetzt einen der kleineren Böden mittig auf den großen setzen und ebenso mit Glasur überziehen. Mit dem letzten Boden genauso verfahren. Sind die Böden sehr ungleichmäßig, können sie etwas zurechtgeschnitten werden.

Drei Schaschlikstäbchen von oben durch die Torte stechen, um sie zu stabilisieren. Vorsichtig die Glasur an den Seiten der Torte verteilen, bis alles bedeckt ist. Die Oberflächen mit einer Palette glätten. Die Grillspieße entfernen und die Torte je nach Saison mit Beeren und Blüten dekorieren.

SCHÖNE FESTE

MEIN VEGETARISCHES COMFORT FOOD FÜR ALLTAG UND FESTE

VIELEN DANK:

Andreas. Du und ich sind eine Einheit und ein Team, ohne deine ständige Unterstützung gäbe es dieses Buch nicht. Vielen Dank für deine endlose Freundschaft und Aufmunterung. Ich liebe dich.

Ruby, Otis und Selma, meine geliebten Kinder. Alles, was ich tue, ist letztendlich für euch. Bitte esst, was ich koche, und vergesst nie, wie lecker Gemüse schmeckt.

Mama. Deine liebevollen Mahlzeiten während meiner Kindheit haben den Grundstein für meine Liebe zum Essen gelegt.

Papa, Wendy, Uncle John, Anna, Nicola, Madeleine mit Familien. Vielen Dank, dass ihr mir die australische Kultur nahegebracht habt, in der Fürsorge ein so selbstverständlicher Bestandteil des Alltags ist.

Frida, fantastische Frida, die für dieses Buch fotografiert hat. Ohne dich wäre es nicht annähernd so schön geworden. Danke, dass du so lieb zu Selma warst und es nie anstrengend gefunden hast, dass sie die ganze Zeit mit dabei war.

Michaéla und Hedvig, Catt und Jacob, die die Texte besser und die Bilder und die Form schöner gemacht haben und damit meinen Traum eingefangen haben, den ich von diesem Buch hatte. Danke für alles.

REZEPTE

IMPRESSUM

Produktmanagement: Britta Bettendorf
Übersetzung aus dem Schwedischen: Vera Bahlk
Redaktion: Bettina Spangler
Satz: Martin Feuerstein
Korrektorat: Constanze Lüdicke
Umschlaggestaltung: Leeloo Molnár
Herstellung: Bettina Schippel

Printed in Slovakia by Neografia

Texte und Rezepte: Sofia Wood
Fotografie: Frida Edlund
Design: C F A projects

Sind Sie mit diesem Titel zufrieden? Dann würden wir uns über Ihre Weiter-
empfehlung freuen. Erzählen Sie es im Freundeskreis, berichten Sie Ihrem
Buchhändler oder bewerten Sie bei Onlinekauf. Und wenn Sie Kritik, Kor-
rekturen, Aktualisierungen haben, freuen wir uns über Ihre Nachricht an:
Christian Verlag, Postfach 40 02 09, 80702 München oder per E-Mail an:
lektorat@verlagshaus.de

Unser komplettes Programm finden Sie unter:

Alle Angaben dieses Werkes wurden von der Autorin sorgfältig recherchiert und auf
den neuesten Stand gebracht sowie vom Verlag geprüft. Für die Richtigkeit der Angaben
kann jedoch keine Haftung übernommen werden, weshalb die Nutzung auf eigene Gefahr
erfolgt. Sollte dieses Werk Links auf Webseiten Dritter enthalten, so machen wir uns die
Inhalte nicht zu eigen und übernehmen für die Inhalte keine Haftung.

Die Deutsche Nationalbibliothek verzeichnet diese Publikation in der Deutschen
Nationalbibliografie; detaillierte bibliografische Daten sind im Internet über
http://dnb.d-nb.de abrufbar.

Titel der schwedischen Originalausgabe: *Chez Wood*

Die deutschsprachige Übersetzung wird von der Christian Verlag GmbH aufgrund
Lizenzvereinbarung mit der Norstedts Agency veröffentlicht.

Bildnachweis: Alle Bilder stammen von Frida Edlund